UMA DEUSA CHAMADA JUSTIÇA

UMA DEUSA CHAMADA JUSTIÇA

Sérgio Sérvulo da Cunha

SÃO PAULO 2009

Copyright © 2009, Editora WMF Martins Fontes Ltda.,
São Paulo, para a presente edição.

1ª. edição 2009

Acompanhamento editorial
Helena Guimarães Bittencourt
Revisões gráficas
Andréa Stahel Monteiro da Silva
Daniela Lima
Produção gráfica
Geraldo Alves
Paginação/Fotolitos
Studio 3 Desenvolvimento Editorial

Dados Internacionais de Catalogação na Publicação (CIP)
(Câmara Brasileira do Livro, SP, Brasil)

Cunha, Sérgio Sérvulo da
  Uma deusa chamada justiça / Sérgio Sérvulo da Cunha. – São Paulo : Editora WMF Martins Fontes, 2009. – (Biblioteca jurídica WMF)

  ISBN 978-85-7827-105-3

  1. Justiça 2. Justiça (Filosofia) I. Título.

09-01638   CDU-340.114

Índices para catálogo sistemático:
  1. Justiça : Direito : Teoria   340.114

Todos os direitos desta edição reservados à
Editora WMF Martins Fontes Ltda.
Rua Conselheiro Ramalho, 330 01325-000 São Paulo SP Brasil
Tel. (11) 3241.3677 Fax (11) 3101.1042
e-mail: info@wmfmartinsfontes.com.br   http://www.wmfmartinsfontes.com.br

ÍNDICE

Introdução 1

    I. Justiça e Direito.. 5
   II. Temos direito a um tratamento justo? 25
  III. Justiça e processo 43
  IV. Justiça e formalismo... 59
    V. Justiça e ordem 77
  VI. Justiça e capilaridade.. 93
 VII. Justiça e economia... 105
VIII. Justiça política.. 121
  IX. Justiça e discurso (pensamentos sobre a razão cínica) 139
   X. Justiça penal... 155
  XI. Legítima defesa (é justo descumprir a lei ou decisão judicial?) 171
 XII. Justiça e solidariedade...................................... 193
XIII. Justiça evangélica.. 207

Apêndice: Definições, máximas, disposições e pensamentos sobre a justiça................................... 219
Indicação bibliográfica... 231

para uma deusa chamada Yara

INTRODUÇÃO

Este livro estava no forno desde 1991, quando combinei escrevê-lo, com Caio Graco, para a coleção "Primeiros passos", da Editora Brasiliense. Aí Caio Graco morreu, num acidente de moto, e do livro sobrou apenas a introdução. Não obstante passados dezesseis anos, ao conseguir escrevê-lo, agora, creio que posso manter aquela mesma introdução, tal como segue entre aspas:

"Sou o terceiro entre nove filhos, os três primeiros homens; isso enseja um quadro singular de competição e disputa, ainda que dele nem sempre se tenha consciência. Nele estão as raízes do meu comportamento social, de minha atitude perante a autoridade, de meu senso íntimo de justiça. Se esse fato não foi determinante na escolha de minha profissão (advogado), certamente orientou o seu curso e algumas opções políticas que adotei dentro dele.

Não estranhe, leitor, que se inicie um livro sobre tema tão abstrato, como a justiça, falando na primeira pessoa. Isso o coloca, parece-me, na sua exata dimensão. O uso de um estilo impessoal, como é de hábito, confere aos livros uma importância oracular: eles deixam de ser opinião de alguém e ganham foro científico, passam a integrar o espírito objetivo. Sempre achei que a ordem de exposição dos conceitos, nos livros, costuma ocultar a ordem da sua descoberta. Reproduz-se, assim, a relação mestre-discípulo.

Ora, o autor e o leitor são companheiros de caminhada. O conhecimento não é algo acabado, faz-se. O convite para escrever este livro me dá a oportunidade de refazer no papel – quem sabe resolver – um itinerário de vida.

Há porém uma outra razão, imposta pela própria natureza do tema: a justiça encontra-se ao fim de um túnel: quem já a viu? Seria errôneo considerá-la um ser de razão, como o triângulo. Ou meramente um substantivo abstrato, como a beleza, cujo brilho, através das coisas, nos fascina e subjuga. A justiça é película velada das relações humanas, à qual temos acesso através da injustiça.

Dê-me licença para o paradoxo: a justiça pode ser um valor, uma virtude ou um conceito, mas sua negação – a injustiça – é basicamente um sentimento. Consideremos a injustiça como um produto das relações humanas: há quem pratica, e quem sofre injustiça. Mas, nessa relação concreta, costuma ter o sentimento de injustiça quem a sofre, não quem a pratica. Há por isso uma tendência a nos colocarmos na ótica dos carentes, e não dos dispensadores de justiça. Por outro lado, os que sofrem injustiça ou dela se crêem vítimas o que buscam é reparar a injustiça, mais do que realizar a justiça.

Assim, à base de nossa indagação sobre a justiça há uma fenomenologia, ou psicologia da injustiça. Esse não é, porém, o objeto deste livro.

Numa obra excelente (*O julgamento moral na criança*), o psicólogo e filósofo suíço Jean Piaget mostrou como a criança desenvolve, através dos jogos infantis, a noção de regra; e como essa noção evolui, considerando a regra, primeiro, como invenção dos adultos (regra heterônoma) e, depois, como tendo sido criada pelos próprios jogadores (regra autônoma): 'no mesmo instante em que a criança decide que pode mudar as regras, deixa de acreditar na sua eternidade passada, e em sua origem adulta'. O sentimento de injustiça seria apenas um sentimento de privação, ou de discriminação, ou de rejeição, caso não houvesse, aliado a ele, o sentimento de transgressão de uma regra. Eis por que jamais é individual a causa de quem sofre injustiça. Ela adquire a dimensão interpessoal, humana, simbolizada no grito de Antígona.

Jamais houve homem que não tenha sofrido injustiça. Assim, o sentimento de injustiça é universal. Independentemente do papel que desempenham, todos desejam um mundo e uma sociedade ideais, de que tenha sido abolida a injustiça. Desejam-na tanto o opressor quanto o oprimido, embora discordando no tocante à forma dessa sociedade e ao conteúdo material da justiça. Maior acordo existe entre os que, partilhando a mesma posição social, ou desempenhando o mesmo papel, estão submetidos a condição de vida semelhante, de idade, sexo, raça, profissão, classe, estamento, nação, etc.

Também é diferente a urgência com que se aspira à justiça; o opressor, embora tendo conhecido o sentimento de injustiça, prefere subordinar a justiça às exigências da ordem. Dentre os oprimidos, alguns, como Espártaco ou Zumbi, dispõem-se a pagar o elevado preço da justiça. Na moderna sociedade de massa, a justiça salta para os palanques e programas de partidos políticos, de direita, centro ou esquerda; não é apenas um lugar-comum da demagogia ou do ocultamento ideológico, mas o divisor de águas entre os interessados em manter a ordem vigente e os interessados em transformá-la. A razão da preferência por este ou aquele partido, assim, não se deve buscar apenas na propensão ideológica individual (conforme indicado por T. Adorno, em seu estudo sobre a personalidade autoritária); mas também nas condições materiais de existência, conforme sugerido por Marx.

Iniciamos aqui nossa caminhada em busca da regra de justiça, essa deusa esquiva da qual se poderia talvez dizer – como da felicidade disse o poeta – que 'está sempre apenas onde a pomos, e nunca a pomos onde nós estamos'.

Para escrever os capítulos a que já dei nome escolhi o mesmo método desta introdução: ir pondo no papel, espontaneamente, as reflexões de quem foi filho e pai; aluno e professor; empregado e patrão; administrado e administrador; irmão, colega, amigo e companheiro, experimentando a injustiça nas relações de autoridade e entre iguais. Na busca desse conceito tentarei ficar o mais possível rente aos fatos."

NOTA: Devem ser levados em conta do autor e não da editora usos que se entendam contrários à correção gramatical e a acordos ortográficos.

I. Justiça e Direito[1]

1. A constituição do poder implica a fixação dos seus fins. À dominação basta a ordem como fim do governo, mas o Direito acrescenta-lhe a justiça.

A Constituição brasileira de 1988 elege a justiça como um dos valores supremos do Estado democrático de Direito (preâmbulo), e dentre os objetivos fundamentais da República inscreve a construção de uma sociedade justa (art. 3º, I). Assim fazendo, aparta-se de uma forte corrente positivista, modernamente representada pelo jurista Hans Kelsen, para a qual o Direito nada tem a ver com a justiça.

Uma das dificuldades em compreender a justiça consiste em que ela não possui um conteúdo previamente definido nem corresponde a algo previamente quantificado[2]. Se a função do alfaiate é talhar vestimentas que se

---

1. Este capítulo reproduz, em parte, artigo publicado na *Revista da Procuradoria Geral do Município de Santos*, n.º 2, 2005, pp. 125-36, sob o título "Considerações sobre a justiça".

2. É o que tem em vista Tércio Sampaio Ferraz Júnior ao assinalar que "na tradição ocidental deve-se entender a justiça como um princípio formal que se preenche substantivamente das demais virtudes ou, como diríamos agora, dos demais valores" ("Direito e cidadania na Constituição Federal", in *RPGESP* 47-48/16, 1997). Henrique C. de Lima Vaz explicita: "A proporção entre o Bem e as razões da comunidade e do indivíduo constitui propriamente o justo, que implica, pois, a idéia da distribuição equitativa ou proporcional do Bem ou dos bens" ["Ética e justiça: filosofia do agir humano", in José Ernanne Pinheiro *et alii* (orgs.), *Ética, justiça e direito*, Petrópolis, Vozes, 1996, p. 8].

ajustam ao corpo, a dos engenheiros e arquitetos construir prédios que se ajustam aos usos, a função do operador jurídico não consiste em fabricar alguma coisa, senão, basicamente, em ajustar[3]. Nossa matéria é preexistente: as pessoas humanas, os bens de que necessitam, a vida em sociedade; e toda a justiça está, por um lado, em que se promovam, e por outro, em evitar que sofram dano.

A justiça é valor correspondente ao justo, e justo é a medida do bom[4]. Ela possui duas faces: uma, negativa, corresponde a evitar o mal; outra, positiva, corresponde a fazer o bem. Ora, direis, essa é regra básica da moral. É verdade. Direito e moral possuem a mesma matéria: ambos são processos sociais que, tendo como objeto relações de poder, diferenciam-se apenas formalmente.

Para muitas pessoas, a justiça consistiria em dar (atribuir, reconhecer) a cada um o que é seu, ou o que lhe é devido[5]. Isso corresponde a) à chamada justiça distributi-

---

3. Sustenta o professor Goffredo Telles Júnior: "É óbvio que o justo é o que está ajustado; é o que se acha na exata medida. Justo é a qualidade de ser conforme, adequado, correspondente, proporcional. Que é uma luva justa? É a luva perfeitamente adaptada à mão que ela veste. Entre luva justa e mão há correspondência, conformidade, adequação" (*Iniciação na ciência do Direito*, São Paulo, Saraiva, 2002, p. 359).

4. É antiga a concepção da justiça como medida, que já se encontrava em Sólon (ver Francisco Rodríguez Adrados, *La democracia ateniense*, Madrid, Alianza, 1993, p. 61). Valor, por sua vez, é uma qualidade presente nas coisas, em razão da qual podemos considerá-las como um bem. O *Dicionário Compacto do Direito* também o define como a característica (de uma ação, de um fato, de uma figura, de uma coisa) em que se funda uma preferência. A propósito do conhecimento dos valores e de seu papel no Direito, veja-se Sérgio Sérvulo da Cunha, "Ser e dever ser", *Revista Latino-Americana de Estudos Constitucionais*, vol. 4.

5. Essa noção, de Ulpiano, foi reproduzida no Digesto, 1, I, 10: "*Iustitia est constans et perpetua voluntas ius suum cuique tribuendi.*" Ela sujeita-se a reparos, visto que numa perspectiva contratualista a pessoa – por exemplo o menor ou o incapaz – pode necessitar de mais do que lhe seja estritamente devido. Roberto Lyra Filho criticou-a asperamente: "Trata-se de uma velha expressão da separação de classes entre os proprietários e os não-proprietários, entre os dominantes e os espoliados. Porque se a justiça consiste em dar a

va, que supõe uma autoridade encarregada de distribuir bens ou de julgar, e um concurso em que muitas pessoas disputam o mesmo bem, ou b) à chamada justiça comutativa, cabível nas relações contratuais ou de troca, em que o mesmo bem é disputado por duas pessoas ou por grupos de pessoas situadas em lados distintos, com interesses opostos. Se a justiça está na solução de disputas em que várias pessoas se julgam com direito às mesmas coisas, como evitar que algumas sofram prejuízo ou se sintam prejudicadas?

Embora a solução justa pouco tenha a ver com o sentimento de injustiça, este não é desprezível como veículo mediante o qual as pessoas se aproximam do conceito de justiça. Contudo, as dificuldades em definir a justiça, ou em agir com justiça, não significam que inexistam o justo e o valor correspondente.

O objetivo do Direito – arte, técnica e ciência dos operadores jurídicos – é a institucionalização e materialização de relações de poder segundo a justiça, e não a mera reprodução de relações naturais, sociais ou econômicas de poder. Em qualquer grupo humano firmam-se consensos até mesmo sobre questões de gosto e preferência, e seria estranho que não os houvesse também a respeito da justiça: o sentimento do justo e do injusto está à base de qualquer critério sobre o que é permitido ou proibido. Se inexistissem noções objetivas sobre o que é justo ou injusto, seria impossível admitir – como faz o estatuto da advocacia brasileira – que o advogado postule em juízo contra literal disposição da lei, argüindo sua

---

cada um o que é seu, dê-se ao pobre a pobreza, ao miserável a miséria, ao desgraçado a desgraça, que isso é o que é deles. Nem é senão por isso que ao escravo se dava a escravidão, que era o seu, no sistema de produção em que aquela fórmula se criou" (cf. Rui Portanova, *Motivações ideológicas da sentença*, Porto Alegre, Livraria do Advogado, p. 56).

injustiça⁶. E de que valeria à defesa levantar-se contra a lei injusta, se ao juiz escapasse o poder de afastá-la? Não há Direito que não verse sobre a justiça, e não há operador jurídico cuja tarefa não consista na realização da justiça.

Segundo Kelsen, como revelam várias de suas obras – assim a *Teoria pura do Direito*, a *Teoria geral das normas* e *A ilusão da justiça* (nesta ele sustenta, em síntese, que a idéia de justiça tem origem nas doutrinas órficas sobre a recompensa ou punição após a morte)⁷ –, Direito é o que foi imposto pela autoridade, independentemente de que seja considerado justo ou injusto. Semelhante era a opinião de Gustav Radbruch – que foi ministro da Justiça ao tempo da Constituição de Weimar, na Alemanha – antes de testemunhar os horrores do nazismo.

A opção do constituinte brasileiro, contudo, não é incompatível com outra corrente positivista, que sem negar a existência da justiça considera o ordenamento jurídico como sua expressão⁸. A afirmação, partilhada por

---

6. Argumenta Amilton Bueno de Carvalho: "Se é permitido advogar contra lei injusta, evidente que é possível julgar no mesmo sentido, sob pena de se ter como não escrita a disposição legal (todos sabemos que o pedido é projeto de ato sentencial). Raciocínio inverso deixaria sem resposta a indagação: qual a razão do inciso VII do art. 103 do Estatuto da OAB?" (*Magistratura e Direito alternativo*, Rio de Janeiro, Luam, 1996, pp. 134-5).

7. *Die Illusion der Gerechtigkeit*, Viena, 1985, Manzsche Verlags-und Universitätsbuchhandlung; tradução brasileira de Sérgio Tellaroli, *A ilusão da justiça*, São Paulo, Martins Fontes, 1995.

8. H. L. A. Hart diz que "a expressão 'positivismo' é usada na literatura anglo-norte-americana contemporânea para designar uma ou mais das teses seguintes: 1. que as normas jurídicas são ordens dadas por seres humanos; 2. que não há conexão necessária entre o direito e a moral, ou entre o direito que é e o que deve ser; 3. que a análise ou estudo do significado dos conceitos jurídicos é um estudo importante que deve distinguir-se das investigações históricas e sociológicas e da valoração crítica do direito em termos de moral, fins sociais, funções, etc. (embora de modo algum a elas se oponha); 4. que um sistema jurídico é um sistema 'logicamente fechado', em que se pode deduzir decisões corretas a partir de regras jurídicas predeterminadas, valendo-se exclusivamente de meios lógicos; 5. que os juízos morais, diferentemente dos juízos de fato,

vários autores, de que nenhuma lei pode ser injusta, já era feita por Hobbes em seus escritos sobre o governo (ver *De cive, Leviatã*).

2. No pós-1789, quando cessado o ímpeto revolucionário e consolidada a ordem burguesa, o positivismo jurídico fixou a tese de que a lei é a expressão material da justiça; sendo assim, ela obrigaria independentemente da convicção da sua necessidade[9]. Essa tese, sem base na experiência, na história e na consideração do Direito como processo institucional, confere ao legislador poderes divinos, incompatíveis com sua real e humana dimensão. Na verdade, a força obrigatória da lei tem fundamento político e ético. É relativa, e não absoluta, a presunção de que o legislador elabora as normas mais adequadas (justas) em benefício do povo. Como todo ramo ou órgão do governo, a agência legislativa também age movida por seus interesses próprios, pelo interesse pessoal dos seus membros ou pelo exclusivo interesse da maioria. Sua atuação, por isso, está submetida ao controle de constitucionalidade, já se reconhecendo hoje a ineficácia de normas editadas com desvio de poder legislativo.

Que há princípios jurídicos anteriores (ou superiores) ao ordenamento, vê-se claramente no Direito san-

---

não podem ser estabelecidos mediante argumento, evidência ou prova racionais ('acognotivismo em ética'). Bentham e Austin sustentaram as teses expressas em l, 2 e 3, mas não as expressas em 4 e 5; Kelsen sustenta as teses expressas em 2, 3 e 5, mas não as expressas em 1 ou 4" (*The Concept of Law*, cf. a edição argentina, *El concepto del derecho*, Buenos Aires, Abeledo-Perrot, p. 321).

9. Henrique Cláudio de Lima Vaz menciona a distinção presente em Aristóteles (*Ética de Nicômaco*, V, 2, 1129 a 1134) e em são Tomás (*Suma teológica*, II.ª II.ᵃᵉ, q. 57 a. 1 ad 2) entre a justiça que se exprime na igualdade e a justiça que reside no acordo com a lei, e observa: "a ausência de uma saudável correspondência entre justiça como virtude e justiça como lei faz surgir uma face desfigurada da justiça legal sob a forma de um legalismo tantas vezes paradoxalmente injusto" (*Ética e Direito*, São Paulo, Loyola, 2002, pp. 300 e 302).

cionatório. Em Direito penal e Direito processual penal, são muitos os princípios humanitários que – mesmo não sendo expressos nem implícitos no ordenamento – costumam ser aplicados uniformemente pelos tribunais[10]; sendo já socialmente perceptíveis antes de se tornarem universalmente obrigatórios, essa consagração arremata seu processo de objetivação.

É impossível, porém, construir um ordenamento jurídico composto unicamente de princípios[11]: sua exigibilidade supõe a existência de normas. Mas qualquer teoria geral das normas precisa ter início com uma indagação sobre sua justificação: não apenas a questão sobre por que a norma jurídica deve ser obedecida, mas também sobre por que ela é ou não adequada (justa). Toda norma tem uma finalidade, e sua adequação como meio

---

10. Quanto à sua forma, ou modo de seu exercício, são princípios de Direito sancionatório: 1) só se pode impor a sanção previamente cominada; 2) só pode sofrê-la aquele que é culpado ou objetivamente responsável, vedada sua extensão a outrem pelo simples motivo de parentesco ou pertinência ao mesmo grupo social; 3) só pode impô-la a autoridade prévia e legalmente definida como competente; esta é diversa tanto da autoridade que faz a norma quanto da autoridade que acusa; 4) só se considera infração o fato previsto como tal em norma obrigatória; 5) é nula a sanção imposta sem que tenha havido direito a ampla defesa; 6) a definição das sanções, assim como sua aplicação, está sujeita aos princípios da razão suficiente e da proporcionalidade; 7) qualquer restrição a direito de um acusado deve atender aos princípios de razão suficiente, de proibição do excesso e de responsabilização estatal; 8) são inadmissíveis sanções indiretas (oblíquas ou reflexas) e sanções perpétuas; 9) é inadmissível a aplicação, pela mesma autoridade, de mais de uma sanção quanto ao mesmo ilícito ("*ne bis in idem*").

11. "Careceria de sentido – diz Gadamer – um saber geral que não saiba aplicar-se à situação concreta"(*Warheit und Methode*, cf. a tradução espanhola, *Verdad y método*, Salamanca, Sígueme, 1993, p. 384). No mesmo sentido a afirmação de Antonio A. B. Pécora: "Não há como pensar a ética em termos de princípios que não se particularizem como ocorrência: as potências não cumprem integralmente sua substância ética sem que a efetuem atos, que são, neste caso, tanto circunstancial como ontologicamente relevantes" ["Política do céu (anti-Maquiavel)", in Adauto Novaes (org.), *Ética*, São Paulo, Companhia das Letras, 1992].

para a consecução de um fim deve ser apreensível num ato da inteligência. Ela deve ser lida como se fosse o parágrafo de um artigo cujo *caput* compreende os princípios de que se irradia, e que justificam sua existência como norma. Esse o sentido da velha parêmia segundo a qual as normas devem ser aplicadas de acordo com seu espírito, e não conforme sua literalidade. Aplicar uma norma contrariamente aos respectivos princípios é o mesmo que aplicar outra norma, inexpressa ou talvez inexistente no ordenamento. Do mesmo modo, tratando-se de um sistema logicamente consistente, a observância das normas assegura *ipso facto* o cumprimento dos princípios.

Logo, a principal condição da lei é a convicção da sua necessidade[12]. Mesmo que seja difícil definir o Direito ou a justiça, é fácil visualizar, no arbítrio, a sua antítese. A Declaração francesa dos direitos do homem e do cidadão (1789) vincula a obrigatoriedade da lei à sua constante comparação com a finalidade de toda instituição política (preâmbulo), afirma que a lei é expressão da vontade geral (art. 6º), que só proíbe as ações prejudiciais à sociedade (art. 5º), e que só deve estabelecer penas estrita e evidentemente necessárias (art. 8º). A Constituição francesa de 1793 reafirma esses enunciados em sua Declaração de direitos, entre outras razões para que o legislador tenha sempre perante os olhos o objeto da sua missão (preâmbulo), e sublinha que a lei só pode ordenar o que for justo e útil à sociedade (art. 4º). Esse último preceito inscreveu-se, em parte, no art. 179-2 da Ordenação brasileira de 1824, segundo o qual "nenhuma lei

---

12. "O Estado não pode legislar abusivamente. A atividade legislativa está necessariamente sujeita à rígida observância de diretriz fundamental, que, encontrando suporte teórico no princípio da proporcionalidade, veda os excessos normativos e as prescrições irrazoáveis do Poder Público [...]" (*RTJ* 176/580).

será estabelecida sem utilidade pública". Para a primeira Constituição portuguesa (23.9.1822), "nenhuma lei, e muito menos a penal, será estabelecida sem absoluta necessidade" (art. 10).

O princípio da negação do arbítrio veda, como contrária ao Direito, a prática de atos arbitrários – assim a edição de lei arbitrária, a realização de processo arbitrário, a prolação de sentença arbitrária – e, antes deles, a outorga de poderes que permitam a prática de atos arbitrários ou desproporcionados – assim a outorga de poder ilimitado ou sem controle, a concessão de direitos potestativos, a negociação de direitos indisponíveis. Ele se expressa mediante os chamados princípios da racionalidade, do devido processo legal e da proporcionalidade.

Abraçar o princípio da racionalidade significa utilizar a razão ao decidirmos fazer, o que fazer e como fazer[13]. *Ratio* é proporção entre as coisas, sua causa e explicação; por isso designamos também como razão a faculdade que permite compreendê-las e estabelecer, a seu respeito, o consenso interpretativo. Se da inteligência podemos dizer que é individual, da razão só podemos dizer que é coletiva, compartilhada, objetiva. Na sociedade moderna tudo que reclama autoridade há de ser justificado pela razão, como bem expressa Eduardo Garcia Maynes: "Toda exigência dirigida à conduta humana precisa de justificação, e esta há de basear-se em considerações objetivas."[14] Isso

---

13. Segundo Tércio Sampaio Ferraz Jr., um discurso é racional "na medida em que se submete à regra do dever de prova". A racionalidade "não emerge do acordo ou consenso sobre o que se diz, isto é, sobre temas, assuntos, conceitos, princípios, mas do mútuo entendimento sobre as regras que nos permitem falar deles [...]. Isto significa que, para ser racional, não se exige do discurso que ele fundamente tudo (princípio da razão suficiente), mas que ele esteja aberto à exigência de fundamentação" (*Teoria da norma jurídica*, Rio de Janeiro, Forense, 1978, pp. 17-20).

14. Eduardo Garcia Maynes, *Ética*, México, Porrúa, 1990, p. 23.

inclui o exercício do poder, a edição da lei, a prolação de sentenças[15].

3. Segundo Kant, "é justa toda ação que permita ou cuja máxima permita à liberdade de arbítrio de cada um coexistir com a liberdade do outro segundo uma lei universal"[16]. Uma coisa porém é a justiça e outra seu critério, que aqui pode ser a igualdade, ali o mérito ou a necessidade; uma coisa é a definição da justiça, e outra a determinação daquilo que é justo, em cada caso concreto. Aqui sim, tratando-se de uma relação sobre a qual incide uma norma jurídica, pode-se adotar a presunção, *juris tantum*, de que o justo corresponde ao prescrito na norma, adotando-se porém a eqüidade como critério corretivo[17].

---

15. Tenho ouvido de muitos e bons juízes – numa espécie de preleção a respeito de como costumam decidir – que chegando, ante os fatos dos autos, a uma convicção a respeito de qual a decisão justa, buscam em seguida adequá-la aos termos da lei. Parece-me que eles correm, com isso, o risco de colocar sua subjetividade à frente do Direito. Acontece também que muitos autores confundem "motivação" com "fundamentação". A motivação (o movimento psicológico, inclusive preconceituoso, que leva o juiz a decidir "a" ou "b") deve fazer sempre parte da fundamentação, e, se o real motivo de decidir fica oculto, a fundamentação, deficiente, rouba às partes e à razão pública a possibilidade de conhecê-lo e discuti-lo.

16. Immanuel Kant, *Metaphysik der Sitten, Einleitung in die Rechtslehre*, § C; na edição Suhrkamp, Frankfurt, 1977, p. 377. Veja-se a propósito Joaquim Carlos Salgado, *A idéia de justiça em Kant*, 2.ª ed., Belo Horizonte, UFMG, 1995.

17. Em latim, do adjetivo *aequus* (igual) originaram-se *aequitas* (igualdade) e até mesmo o verbo *aequare* (igualar, aplainar, arrasar); etimologicamente eqüidade significa igualdade, e Eros Grau a equipara à proporcionalidade ("Eqüidade, razoabilidade e proporcionalidade", *Revista do Advogado* 78/28, São Paulo, Associação dos Advogados de São Paulo, set. 2004). Registra Aristóteles: "A justiça e a eqüidade são portanto a mesma coisa, embora a equidade seja melhor. O que cria o problema é o fato de o equitativo ser justo, mas não o justo segundo a lei, e sim um corretivo da justiça legal. A razão é que toda lei é de ordem geral, mas não é possível fazer uma afirmação universal que seja correta em relação a certos casos particulares" (*Ética de Nicômaco*, V, 1.137b-5, cf. edição da Universidade de Brasília, 1992). Esse também seu sentido no Direito inglês, em que Blackstone a definiu como "a correção dos defeitos que procedem da universalidade da lei" (ver Clovis Bevilaqua, *Legislação*

É bom que as pessoas, nas suas relações civis, sejam orientadas pelos seus interesses, mas não é bom que sejam orientadas exclusivamente pelos seus interesses, esperando de uma "mão invisível", ou da autoridade, o estabelecimento de relações sociais harmônicas. Ainda que isso seja difícil, todo homem tem o dever de ser justo, e para tanto vale a constante preocupação com o direito dos demais e com o conhecimento de si mesmo. Não representa uma garantia moral suficiente invocar os usos sociais, e mesmo a lei, como justificativa dos próprios direitos, embora ela nos deva servir de estalão quando se trata de respeitar o direito alheio.

Contudo, não cabe aqui tratar da justiça como virtude, mas como princípio de organização social[18]. O governo pode promover o bem geral – em que se inclui o bem dos particulares – mas dele não depende que os particu-

---

comparada, Bahia, Magalhães, 1897, p. 75; Renato Janine Ribeiro, *Ao leitor sem medo, Hobbes escrevendo contra o seu tempo*, Belo Horizonte, UFMG, 1999, pp. 146-7). Sobre eqüidade veja-se ainda: Norberto Bobbio, *Direito e Estado no pensamento de Emanuel Kant*, 3ª. ed., Brasília, UnB, 1995, p. 79; A. M. da Rocha e M. Cordeiro, *Da boa-fé no Direito civil*, Coimbra, Almedina, 1984, vol. 1, pp. 119-27 e 2, pp. 1098-106; José de O. Ascensão, *O Direito. Introdução e teoria geral*, Coimbra, Almedina, 1993, pp. 221-5. O código de processo civil brasileiro, em seu art. 127, veda que o juiz decida por eqüidade, a não ser nos casos previstos em lei, mas parece-me que o juiz pode adotá-la, em qualquer caso, como critério de interpretação e aplicação da lei. Segundo o art. 6º. da Convenção Européia, processo equitativo é aquele em que nenhuma das partes tenha mais direitos do que a outra, achando-se ambas em pé de igualdade [ver Jorge Miranda, "A tutela jurisdicional dos direitos fundamentais em Portugal", in Eros Roberto Grau e Willis Santiago Guerra Filho (orgs.), *Direito constitucional, estudos em homenagem a Paulo Bonavides*, São Paulo, Malheiros, 2001, p. 302].

18. "Eis o que temos em vista ao dizer que a finalidade do direito é a justiça. Não nos referimos à justiça como uma virtude individual ou como o ideal das relações entre os homens. Temos em vista um regime. Temos em vista um ajustamento das relações e uma ordenação das condutas que faça os bens da existência, os meios de satisfazer as demandas humanas no sentido de possuir e fazer coisas, irem tão longe quanto possível, com a menor fricção e desperdício" (Roscoe Pound, *Social Control Through Law*, New Brunswick, Transaction, 1996, pp. 64-5).

lares alcancem a plenitude do bem. Todavia, depende do governo a existência de uma ordem social em que as pessoas não sejam privadas dos seus bens legítimos, ou da expectativa de obtê-los[19].

Aquilo que, para o particular, representa um dever moral, para o agente público significa um dever jurídico. Identificar a norma que incide na espécie é apenas o primeiro passo na busca da solução justa. A aplicação da lei em sua literalidade, em sua abstratividade ou em seu rigor, sem atenção às circunstâncias, pode representar um desvio de finalidade. Por isso criam-se figuras como a eqüidade e o abuso de direito, e usa-se em Direito penal a individualização da pena. A proclamação da justiça como princípio constitucional representa um progresso considerável, e mais se avança quando se criam instrumentos para sua efetividade.

O principal conflito no comportamento político é o que se instala entre o desejo (liberdade) e a necessidade (segurança). Os desejos são ilimitados, ao contrário dos meios aptos à sua satisfação, e a distribuição dos papéis sociais faz que geralmente se concentrem em lados opostos aqueles que sentem a premência dos desejos e aqueles que administram os bens capazes de satisfazê-los.

Isso também podia acontecer na sociedade primitiva e na Idade Média, mas sua conformação estamental era garantia suficiente de coalescência, com a contenção do desejo. Em Roma o poder político do Senado não foi suficiente para estancar o conflito quando se entregou à

---

19. Diz John Rawls: "O sentido mais específico que Aristóteles atribui à justiça, e do qual derivam as formulações mais conhecidas de justiça, é o de evitar a pleonexia, isto é, evitar que se tire alguma vantagem em benefício próprio tomando o que pertence a outrem" (*A Theory of Justice*, Cambridge, Harvard University Press, 1971; cf. a tradução brasileira de Almiro Pisetta e Lenita M. R. Esteves, *Uma teoria da justiça*, São Paulo, Martins Fontes, 1997, p. 11).

plebe o poder de elaborar as leis; veio a ditadura, com a distribuição da anona, e o Império.

As possibilidades de acesso social abertas pelo capitalismo quebram as barreiras do desejo, e as fricções – que se denunciam nos países desenvolvidos – no terceiro mundo assumem tintas dramáticas, na medida em que se põem lado a lado na praia e no morro, ou tendo a separá-las apenas uma vitrine, a miséria e o consumismo. Se os que dispõem dos meios necessários à satisfação dos próprios desejos são insensíveis à percepção dos demais, instala-se a perversão.

Afirma com razão Carlos Maximiliano: "deve o Direito ser interpretado inteligentemente: não de modo que a ordem legal envolva um absurdo, prescreva inconveniência, vá ter a conclusões inconsistentes ou impossíveis"[20]. Entretanto, quando se fala em "reserva do possível", "princípio da reserva do possível", o que está em jogo não é um problema de interpretação, mas a aplicação de um texto de suficiente clareza, cujas conseqüências mostram-se inconvenientes. Devemos distinguir, de um lado, a interpretação conducente ao absurdo, e, de outro, a lei, ou a aplicação da lei, cujas conseqüências são ética ou politicamente contraproducentes.

Esse princípio, cujo enunciado mais amplo corresponde ao bem conhecido aforismo de que *ad impossibilia nemo tenetur*, filia-se portanto ao assim chamado "conseqüencialismo", ou teoria conseqüencialista, segundo a qual na aplicação da lei deve-se ter em vista as suas conseqüências[21].

---

20. Carlos Maximiliano, *Hermenêutica e aplicação do Direito*, 7ª ed., Rio de Janeiro, Freitas Bastos, 1961, p. 210.

21. Vem à baila subsídio de Von Wright, ao formular distinção utilíssima entre resultado e conseqüência: "o nexo entre o ato e seu resultado é intrínseco [...]. Um ato não pode verdadeiramente ser chamado um ato de abrir a

Os romanos diziam, de um lado, *summum jus, summa injuria*, e, de outro, *fiat justitia, pereat mundus*. A primeira dessas máximas filia-se à ética da responsabilidade, enquanto a segunda à ética da convicção.

Dizia alvará de 4 de setembro de 1765: "Leis não obrigam mais que ao possível, e que razoadamente pode ser feito." Sabemos que em Direito das obrigações essa regra não é observada; a responsabilidade negocial considera-se objetiva, e se o aluguel não é pago ao fim do mês o juiz não pergunta se o inquilino está doente ou desempregado: despeja-o. Se a empresa está em dificuldades, o juiz não indaga sobre sua causa (por exemplo, se deixou de receber de seus devedores): decreta-lhe a falência.

Quem sustenta a segunda daquelas máximas dirá: age acertadamente o juiz ao decretar o despejo, pois é-lhe vedado decidir *contra legem*; é preciso assegurar a comutatividade do contrato e as justas expectativas dele decorrentes. Enquanto, ao defensor da segunda tese, restará – como enxergamos hoje claramente com relação a Shylock[22] – argüir um princípio tão forte que faça, na hipótese, recuar a cláusula contratual.

Na sociedade libertariana os elementos de justiça social não despontam na jurisdição civil comum: o excluído não chega a ser parte, e Shylock leva seu naco de carne sem que o sangue do pobre manche as folhas dos autos; o terremoto da sentença fica insulado na tragédia

---

janela a menos que termine (resulte) em que a janela esteja aberta, ao menos durante um certo tempo". Por outro lado, "uma conseqüência do ato de abrir a janela pode ser que a temperatura do quarto diminua [...]. Diversamente da relação entre um ato e seu resultado, a relação entre um ato e suas conseqüências é extrínseca (causal)" (*Norm and Action. A Logical Enquiry*. Londres, Routledge & Kegan Paul, 1970, citado conforme edição espanhola, Madrid, Tecnos, 1979, pp. 56-7).

22. Em *O mercador de Veneza*, Shakespeare conta de um credor (Shylock), que exige do devedor inadimplente o cumprimento da multa contratual, consistente em entregar-lhe um pedaço de sua própria carne.

individual, que não aparece nas estatísticas. O brocardo prevalecente, aí, é *fiat justitia, pereat mundus*, e considera-se justo o que prescreve a lei, mesmo que em seu mais estrito rigor.

No ordenamento civil brasileiro há algumas disposições de proteção aos mais fracos (anote-se a impenhorabilidade do bem de família, a lesão enorme, a onerosidade excessiva e, particularmente, o Direito do consumidor); na jurisdição comum – inclusive na primeira instância da Justiça do Trabalho, em que ela tende a se inverter – prevalece a desigualdade das armas, e a impossibilidade é a formal, não a impossibilidade material do desempregado, do devedor moroso, do empresário sem liquidez ou descapitalizado; a eqüidade é estritamente controlada, e os juízes não costumam ler o art. 4º da lei de introdução ao código civil.

A cultura jurídica tende a ignorar essas dificuldades para a aplicação do Direito. A ortodoxia do pensamento jurídico tem como dogmas da jurisdição ordinária: a) a presunção de adequação e necessidade da lei; b) a impossibilidade de outra solução que não a estritamente legal; c) a função do judiciário como sendo a de aplicar a lei, quaisquer que sejam as suas conseqüências.

4. É bem diferente o que acontece na jurisdição constitucional, em que na maioria das vezes o governo é réu. O rigor da Constituição costuma ser relativizado, então, por conceitos como o das normas programáticas e teorias como a da reserva do possível, quando não simplesmente escamoteado com a procrastinação dos processos incômodos e a supervalorização de óbices processuais. Costuma-se dizer, por isso, que as supremas cortes são cortes políticas.

Saulo Ramos, que foi ministro da Justiça no governo do presidente José Sarney, declarou em entrevista: "Há muito tempo observei que, no Brasil, há forte tendência à interpretação do direito condicionada à existência ou não de recursos no caixa do tesouro público. Com o debate sobre a reforma da previdência, os defensores da tesouraria avançaram na hermenêutica: o próprio direito constitucional estará sujeito a interpretações de conteúdo financeiro."[23] De fato, numa economia abalada pela inflação, exposta ao capital especulativo internacional, perturbada por sucessivos planos econômicos, fragilizada pela inadimplência do governo, a falta de cumprimento de obrigações legais por parte da Administração (muitas vezes por erros de cálculo – causados pelo emprego inidôneo de índices de correção monetária – a dano de beneficiários de prestações públicas) gerava o que se convencionou chamar de "esqueletos", dívidas milionárias cuja discussão se arrastava em juízo e anos depois, já em fase de execução, tiravam o sono dos gestores orçamentários[24].

Temos então dois Direitos, duas justiças? Uma em que prevalece o rigor da lei e outra em que prevalece ou-

---

23. *Jornal da ANPAF* (Associação Nacional dos Procuradores Federais), fev. de 2003, p. 3.

24. No início dos anos (19)90, o governo da União defrontou-se com inúmeras decisões judiciais contrárias, proferidas em ações plúrimas ou coletivas sobre matéria previdenciária e tributária. O mais importante desses conflitos, pelo número de interessados e circunstâncias que o envolveram, foi o relativo ao ajuste de benefícios previdenciários no valor de 147,06%. Mas havia-os também relativos a empréstimos compulsórios, Finsocial (Fundo de investimento social), Cofins (Contribuição para financiamento da seguridade social), IPMF e ICMS na importação de mercadorias. Rogério Bastos Arantes ["Jurisdição política constitucional", in Maria Teresa Sadek (org.), *Reforma do judiciário*, São Paulo, Fundação Konrad Adenauer, 2001, pp. 23 ss.] relata o caso, mais recente, do FGTS: "Trabalhadores de vários estados entraram com ações na Justiça Federal pedindo a correção dos saldos do FGTS, em função dos índices inflacionários expurgados pelos Planos Bresser (julho de 1987), Verão (janeiro de 1989), Collor I (abril e maio de 1990) e Collor II (fevereiro de 1991)." Sobreveio depois de algum tempo decisão final do STF, que se fosse estendida a todas as contas do FGTS redundaria em R$ 38 bilhões, "algo próximo do valor de toda a exportação brasileira no período de um ano" (*id.*, pp. 34-5). Também o governo Lula viria a ser assustado por vários esqueletos.

tro critério de ajustamento das decisões às circunstâncias de fato, ainda que não previstas no ordenamento? A explicação para o empenho da Corte Suprema brasileira na campanha pelo controle concentrado de constitucionalidade talvez esteja menos no volume dos recursos que a assoberba do que nesse desconforto: o de precisar desfazer, como terceira instância, decisões de instâncias orientadas por outros pressupostos.

O primeiro passo no sentido de conciliar ambas as perspectivas seria alargar a aplicação da eqüidade nas instâncias ordinárias, descredenciando-as como homologatórias de desequilíbrios sociais.

Embora não se trate aqui de interpretação da norma, mas de sua aplicação, invoco exemplos bastante conhecidos em que, a fim de não se chegar ao absurdo, toma-se decisão contra a literalidade da lei (a norma que veda a entrada de veículos num parque inclui carrinhos de bebê?; a norma que veda a entrada de veículos motorizados num parque inclui cadeiras de rodas motorizadas?; a cláusula que institui entre os beligerantes uma trégua de x dias inclui as noites correspondentes a esses dias?). Nessas hipóteses, tem-se como certo que não está no propósito da lei o resultado absurdo. Cabe ao aplicador, aí, indagar se a conseqüência vitanda foi prevista ou era perfeitamente previsível pelo legislador; e se ele teria editado a norma tal como enunciada, caso houvesse previsto essa conseqüência. Ao dizer: "é pela consideração dos efeitos que estão no desígnio do autor da norma que se avalia e interpreta o seu conteúdo, sentido e alcance"[25], Geraldo Ataliba não tinha em mente a vontade do legislador ou o elemento histórico, mas a finalidade objetiva da norma.

---

25. Geraldo Ataliba, parecer sobre "Dívida pública estadual" (*RDP* 88/78).

O segundo passo seria juridificar os motivos que podem levar a Corte Suprema a inaplicar o estrito critério da legalidade; para isso, a meu ver, não parece bastante, e correto, simplesmente apagar disposições legais, como quem usa uma borracha, "para evitar grave lesão à saúde, à segurança e à economia públicas" (art. 4º da lei 4.348/1964).

A doutrina ainda não se debruçou suficientemente sobre as aporias da jurisdição constitucional, e costuma atribuir depreciativamente, à chamada "razão de Estado", decisões que levam em conta aqueles motivos, ainda que inexpressos. Viceja nesse vácuo uma jurisdição constitucional envergonhada, incapaz, senão por sofismas, de justificar suas decisões mais delicadas.

Ora, as cortes supremas são cortes jurídicas sensíveis, no seu proceder, às necessidades políticas. Importa afastar o maniqueísmo que põe o Direito de um lado e do outro a política, e incorporar àquele, seja na elaboração da norma, seja no momento da sua aplicação, os dados da realidade. Só é justo o que leva em conta todos os fatores implicados numa relação, e a realidade dos fatos político-administrativos é inafastável da jurisdição constitucional.

Essa é uma questão eminentemente técnica, que não se resolve apenas com o estabelecimento de privilégios processuais e materiais para o governo: não lhe basta alegar impossibilidade, se não a comprova e justifica. Assim como o mutuante controla o desempenho financeiro do mutário, são indispensáveis controles atuariais e estatísticos, por parte de tribunais administrativos independentes e das cortes supremas, que as habilitem a reconhecer parâmetros concretos de *accountability* para a Administração.

Se as conseqüências escapam ao âmbito de racionalidade da norma, o intérprete fugirá da solução tudo ou nada, branco e preto, constitucional e inconstitucional, buscando preservar sua eficácia mediante fórmulas de execução que diminuam ou pulverizem os impactos negativos.

São várias as razões que, hoje, nos levam a abandonar a idéia de nulidade da disposição inconstitucional, para adotar a idéia de sua ineficácia. Essa inflexão oferece maior maleabilidade no controle de constitucionalidade, com a admissão, no campo do Direito constitucional, de técnicas há muito empregadas no campo do Direito processual (p. ex. a correspondente à regra de que só existe nulidade cominada) e do Direito material comum (p. ex. as decorrentes do princípio da salvabilidade dos atos jurídicos).

Cabe ao ministro Gilmar Mendes o mérito da insistência quanto a fórmulas, adotadas pela jurisdição constitucional alemã, que fugindo à decretação da nulidade *ex tunc* das leis inconstitucionais buscam soluções intermediárias, como a declaração de inconstitucionalidade sem pronúncia de nulidade, o apelo ao legislador, a decretação da inconstitucionalidade *ex nunc*, a decretação da inconstitucionalidade parcial[26].

Esse tipo de solução – que englobo numa tendência que designo, não sei se acertadamente, como "governativa" – busca aliviar as tensões e minimizar as contradições com que se defronta a jurisdição constitucional. A outra dentre as duas principais tendências emergentes

---

26. Ver Gilmar Ferreira Mendes, *Controle de constitucionalidade*, São Paulo, Saraiva, 1990, pp. 10-25; *Jurisdição constitucional*, São Paulo, Saraiva, 1996, pp. 188-240; *Direitos fundamentais e controle de constitucionalidade*, São Paulo, Celso Bastos, 1998, pp. 405-15. E também: "Tribunal Constitucional alemão. O apelo ao legislador – *Appellentscheidung* – na práxis da Corte Constitucional Federal alemã", RDP 99/32, jul.-set. 1991; "A doutrina constitucional e o controle de constitucionalidade como garantia da cidadania. Necessidade de desenvolvimento de novas técnicas de decisão: possibilidade da declaração de inconstitucionalidade sem a pronúncia de nulidade no direito brasileiro", RPGR 2/61, jan.-mar. 1993.

no pós-guerra – que designo como "popular" – creio que busca o mesmo objetivo por outra via, na medida em que, mediante instrumentos como o mandado de injunção e a ação de inconstitucionalidade por omissão, acaba devolvendo aquelas tensões para o poder legislativo. Ou seja, as cortes supremas deixariam de assumir o aforismo *summum jus* e assumiriam o aforismo *fiat justitia,* transferindo em último caso para o poder político a solução das aporias da efetividade constitucional.

II. Temos direito a um tratamento justo?

1. Faça, a várias pessoas, esta pergunta:
– Você merece um tratamento justo por parte dos outros e das autoridades, em qualquer circunstância?

A resposta, podemos ter certeza, será sempre afirmativa.

À primeira vista, nossa tendência será atribuir tal resposta a um sentimento de justiça, que habita todas as pessoas. Refletindo melhor, porém, veremos que isso não acontece. Ainda que não seja esse o seu motivo, a resposta afirmativa decorre de que, logicamente, ela é a única possível, pois uma resposta diferente implicaria uma contradição em termos.

De fato, não há como dizer que alguém merece um tratamento injusto. Se, por tratamento justo, entendemos o tratamento adequado, como dizer que alguém merece o tratamento inadequado? Isso equivaleria a dizer que o tratamento inadequado é o tratamento adequado, ou que o tratamento injusto é o tratamento justo. Esta, portanto, é uma verdade universal: as pessoas, em qualquer circunstância, merecem dos outros e das autoridades um tratamento justo.

Entretanto, não podemos encerrar esta investigação aqui, como se tivéssemos respondido suficientemente a pergunta contida em seu título. Falta ainda responder várias outras perguntas, entre as quais uma, não menos importante: Em que consiste o tratamento adequado?

Aqui entra o sentimento de injustiça.

Por que falo em "sentimento de injustiça", e não em "sentimento de justiça"?

Porque, a meu ver, é mais comum experimentarmos o primeiro, e não o segundo. No sentimento de injustiça sentimos por nós mesmos; no sentimento de justiça, precisamos sentir pelo outro.

Se somos tratados de acordo com nossas expectativas, conforme o que entendemos adequado, tudo parece estar dentro da normalidade. Mas se sofremos diminuição, discriminação, desprezo ou humilhação – se deixamos de receber, por parte do outro, o tratamento que nos parece devido – sentimos, na boca, o travo da injustiça.

Não me cabe aqui especular sobre a origem desse sentimento, tão ligado, como se vê, à noção do próprio valor. Os psicólogos remeteriam essa questão ao nascimento do que chamam de *self* e principalmente às relações – de afeto, de rejeição, de satisfação ou de plenitude – da criança com a própria mãe. O fato é que, ligado à libido e ao desejo, que não conhecem limites, o sentimento de injustiça – concernente a uma privação – dá acesso ao justo, mas não é suficiente para conhecê-lo.

2. Dirijamos aquela mesma pergunta, mas agora relacionada a uma situação concreta, a alguém que está sendo acusado, em juízo, da prática de um crime:

– Você merece um tratamento justo?

A resposta será afirmativa, mas por tratamento justo o acusado provavelmente entenderá a absolvição, ou a sentença que lhe traga a menor diminuição possível. Sua perspectiva não coincide com a do julgador. Nela é absoluta a concepção de justiça, como se, para a determinação do que cabe a cada um, não se devesse levar em conta a presença do outro e o estoque dos bens disponíveis. O que se costuma entender por justo, aí, é: a) ter tudo que corresponde à minha posição; b) ter tudo de que preciso; c) ter tudo que almejo; d) ter tudo que alcancei ou que posso alcançar pelas minhas forças.

Essa perspectiva, portanto, não é satisfatória, e para termos uma concepção objetiva da justiça é preciso que nos afastemos dela.

São muitas as questões, relativas à justiça, que se iluminam quando observamos um jogo, uma competição em que algum dos dois lados deve sair vencedor. Sabem os jogadores, de ambos os lados, que justo é obedecer à regra do jogo. São movidos entretanto pelo desejo de vencer – sem falar no compromisso com o clube e sua torcida – e na busca desse objetivo estão mesmo dispostos a transgredir as regras do jogo, se isso contribuir para sua vitória. Assim, não obstante percebam a injustiça contida na transgressão da regra, por parte do seu adversário, adotam idêntico comportamento e, sobre o que é justo, fazem prevalecer seu interesse. Ou seja, por cima da justiça põem outro valor. A regra principal de comportamento passa a ser a busca da própria vantagem, e a regra do jogo – criada a princípio por ambas as partes para que possa haver o jogo – passa a ser experimentada como heterônoma, quando não como transcendente.

Isso ocorre não apenas nos jogos criados como tais, mas em todos os processos competitivos, a começar da luta pelo próprio espaço[1]. Movidos pelo interesse, não

---

1. Faz parte, portanto, do acervo comum da sabedoria: a) ninguém é juiz em causa própria; b) deve-se afastar a justiça de mão própria; c) o advogado que patrocina seu próprio interesse em juízo tem como patrono um tolo. No jogo, no conflito, na refrega, somos incapazes de reconhecer o interesse do nosso

costumamos colocar o limite para nossas ações no interesse do outro, mas no alcance do nosso poder.

É por isso que, no tocante à regra das nossas ações, não costumamos ser o legislador; é primeiro o outro – ao colocar limites ao nosso poder – e em seguida a sociedade (o conjunto de todos nós, eu e os outros) que produzem a normatividade. Da experiência social faz parte, desde o início, aquilo que se costuma designar como educação e etiqueta, antes que se possa falar em moral e em Direito.

Na sua ilha deserta, Robinson Crusoe não tinha necessidade de justiça. Esta – característica da vida em relação – adentra o palco com a chegada de Sexta-Feira; surge independentemente de qualquer relação de troca, de disputa quanto a qualquer objeto do desejo, mas se estabelece simplesmente com o olhar: corresponde, primeiramente, a uma necessidade de reconhecimento. As pessoas se acham merecedoras de reconhecimento por parte das demais; isso equivale a serem vistas segundo a sua dignidade e, logo, a serem aceitas em situação de igualdade.

Em suas primícias, a justiça independe da existência de contrato e de autoridade, isto é, de comutatividade e distributividade: dá-se na simples relação diádica. A rejeição está, para essa relação, assim como a exclusão, quando se tem em vista o reconhecimento por parte do grupo social. É diádica a relação de um com outro indivíduo, assim como a relação de um grupo social com outro; a fábula do patinho feio é a primeira apologia da justiça.

A aceitação pela mãe, pela família e pelos iguais é condição da sobrevivência e da afirmação própria. Daí achar-se o sentimento do injusto estreitamente ligado à noção de pertinência (a percepção do que seja o próprio

---

adversário; recuperamos porém o senso de observação e de equilíbrio quando somos espectadores neutros de um conflito do qual não participamos.

grupo), que, mediatamente, participa de uma noção de ordem (o modo de integração, do grupo, no círculo social mais amplo).

Certa vez, referindo-se a um texto de Whitehead, disse Bertrand Russell: "Esse trecho é tão agradável que lastimo criticá-lo." Sinto fazer algo parecido, agora, com relação a um texto de John Rawls, onde ele afirma: "A distribuição natural não é justa nem injusta, nem é injusto que pessoas nasçam em alguma posição particular na sociedade. Esses são simplesmente fatos naturais." O texto é perfeito, mas acontece que nem sempre possuímos uma visão clara a respeito do que sejam fatos naturais e fatos sociais, e tendemos a considerar, como naturais, alguns fatos sociais, tal como a divisão em classes ou grupos.

3. Chegados a este ponto, creio útil reformular aquela pergunta do início, para reapresentá-la de outra forma:
— Você merece ser reconhecido, pelos demais, como um igual?

A ênfase e presteza da resposta mostra até que ponto ela provém do sentimento de igualdade. Aqui, entretanto, esse sentimento se apresenta acompanhado de uma razão: Por ser igual, mereço ser reconhecido como igual.

A quem responde, não ocorre questionar se pode exigir, do outro, um ato ou gesto de reconhecimento. À base da sua resposta está a percepção de que a simples presença de ambos, um diante do outro, instaura uma relação comunicativa, em que são significativas tanto a ação (a prática daquele ato ou gesto) quanto a omissão.

Que eu seja ignorado não é, portanto, um comportamento adequado por parte do outro, e a falta de reconhecimento me aparece como a transgressão de um dever.

Para os nossos objetivos, neste momento, não é preciso indagar se esse é um dever de justiça. Podemos aceitar sem prejuízo, apenas para argumentar, o ponto de vista de Rawls, no sentido de que a justiça depende da instituição. Vemos porém, com clareza, que a igualdade é condição da justiça, o patamar sem o qual ela não se estabelece. Logo, quem deseja construir uma ordem social injusta começa por desigualar, desqualificar, discriminar. A falta de reconhecimento é o fermento da injustiça, a exclusão o seu portal.

Também para os nossos objetivos, neste momento, não é preciso indagar sobre o conceito de igualdade. Basta assinalar que todos somos iguais ao mesmo tempo que desiguais, e para que se faça justiça devemos ser reconhecidos como iguais no que somos iguais, e desiguais no que somos desiguais.

De modo que a resposta à segunda pergunta pode ser: Mereço ser visto e tratado como sou. No que sou igual, mereço ser reconhecido como igual, no que sou diferente, mereço ser reconhecido como diferente.

4. Cabe-nos agora examinar o verbo "merecer" (proveniente do verbo depoente latino *mereor, mereris, meritus sum, mereri*), uma dessas palavras moleculares, além das quais dificilmente se consegue recuar. Ela supõe a existência de uma relação em que cabe, a alguém, definir a intensidade do reconhecimento devido a outrem por causa de sua condição; ou a prestação, compensação ou retribuição que lhe é devida, tendo em vista algum ato que praticou ou o conjunto dos atos que praticou. Essa definição não é arbitrária, mas deve corresponder a alguma qualidade ou ação do outro. Assim, este pode merecer algo pelo simples fato de ser o que é (ser gente ou ter nascido príncipe), independentemente de qualquer ação sua (de seu mérito).

Os dicionários costumam indicar para o verbo merecer duas acepções: a) ser digno de; b) ter direito a. Não deixa de ser curioso que, em inglês, o vocábulo correspondente – *to deserve* – aponta apenas para a segunda acepção[2].

Não é difícil enxergar, aí, o que se entende por tratamento justo: justo é o tratamento merecido, ou o tratamento a que uma pessoa tem direito. De modo que naquela pergunta (você merece um tratamento justo?) se revela uma tautologia: perguntar se eu mereço o tratamento justo é o mesmo que perguntar se eu mereço o tratamento merecido. A resposta está contida na própria pergunta, e não poderia ser diferente: não podemos responder que alguém não merece o tratamento merecido, ou que merece um tratamento imerecido.

Todos concordamos em que a frase a) Você <u>merece</u> um tratamento justo por parte dos outros e das autoridades, em qualquer circunstância?, corresponde à frase b) Você <u>tem direito</u> a um tratamento justo por parte dos outros e das autoridades, em qualquer circunstância? Evitei escrevê-la dessa forma no início destas linhas, porque seria cedo demais para introduzir esse tema, que agora já podemos enfrentar: a partir de quando se caracteriza a existência de um direito?

Se as perguntas "a" e "b" forem idênticas, idênticas devem ser as respectivas respostas. De modo que a resposta à interrogação "b" deveria ser igualmente afirmativa.

Os juristas porém, embora tenham respondido afirmativamente à pergunta "a" quando indagados como simples pessoas, hesitarão, quando indagados como juristas, em responder afirmativamente. Em sua maioria dirão

---

2. *To deserve* provém do latim *desservire* (= servir bem), através do francês antigo *desservir*, que em uma de suas acepções aludia ao que se merece em razão do serviço prestado, ou seja, do mérito. Semelhante é a origem do termo germânico: *verdienen* (= merecer) inclui *dienen*, que significa "servir".

que só há direitos quando previstos no ordenamento jurídico, não cabendo portanto falar em direitos antes da existência de instituições.

A posição da maioria dos juristas, portanto, é assemelhada à de Rawls: na ilha deserta de Robinson Crusoe não há que falar em justiça mesmo após a chegada de Sexta-Feira; nesse caso, não fazem sentido as perguntas: a) Robinson Crusoe merece um tratamento justo por parte de Sexta-Feira? b) Robinson Crusoe merece ser reconhecido por Sexta-Feira? c) Sexta-Feira merece um tratamento justo por parte de Robinson Crusoe? d) Sexta-Feira merece ser reconhecido por Robinson Crusoe?

Segundo os juristas majoritários, a relação Crusoe/Sexta-Feira é uma situação artificial, e não espelha o que acontece na sociedade. Eu – que não sou positivista – replico porém que isso acontece diante dos nossos olhos em todos os lugares e sempre que estamos envolvidos em relações elementares; por exemplo: na família, na escola, no ambiente de trabalho, dentro da prisão; aí não costuma chegar o braço da lei, principalmente nas relações capilares, com relação às quais é evidentemente grosseiro o bisturi legal.

Para os nossos objetivos, também não interessa, neste momento, indagar sobre a velha polêmica entre o positivismo e seus adversários, tradicionalmente indigitados como adeptos do Direito natural.

Entretanto, algo precisa ser acrescentado: é que não há absoluta identidade entre o merecido e o justo. Determina-se o merecido tendo-se em vista a condição da pessoa e suas ações. Determina-se o justo a partir do estoque de bens socialmente disponíveis. Assim, na sua determinação entram elementos de política e de economia; não há identidade entre o merecido e o possível; logo, alguém pode deixar de receber o merecido, sem que se caracterize, aí, uma injustiça. Podemos imaginar algumas situações: a) os soldados merecem voltar para casa após uma campanha exaustiva, mas a nação não possui reservas militares; b) as pessoas merecem mais alimentos, mas uma calamidade natural impôs o racionamento.

É o indivíduo que equipara o merecido ao justo; mas na arbitragem do justo entra a consideração do que é merecido também por outros indivíduos. Assim, na partilha dos bens disponíveis, deve-se levar em conta a condição e o mérito de todos. No que podemos designar como justo primário – aquele da perspectiva individual – existe a correspondência quantitativa entre o merecido e o recebido. Mas, quando se fala em justiça social, leva-se em consideração o conjunto das pessoas e dos bens.

Em outros termos: apenas na perspectiva subjetiva existe um "ego" e um "alter". Sob o ponto de vista objetivo, uma e a mesma é a justiça que transita entre um e outro pólo da relação diádica. O fundamento do tratamento justo com relação a ego é o mesmo fundamento do tratamento justo com relação a alter.

Se temos direito estritamente ao que é justo – não a mais, nem a menos do que isso – podemos dizer que temos direito ao tratamento justo. Nessa perspectiva, é o justo que demarca a existência e extensão do nosso direito; a existência dos direitos depende da justiça do seu conteúdo, e não se pode designar, como direito, algo que seja injusto.

O positivista radical – assim Kelsen, por exemplo – nega a existência da justiça. Supondo que a aceitasse, inverteria aquele enunciado, para dizer: justo é aquilo a que temos direito. Nessa perspectiva, apaga-se a noção material do que é justo, e ficamos somente com a sua noção formal: direito é tudo que assim foi declarado pela autoridade, independentemente do seu conteúdo. O positivista não consegue fugir à acusação de que, a admitirmos suas razões, na Alemanha nazista era justo matar e perseguir judeus[3].

Creio que atendemos às múltiplas faces da justiça ao definirmos assim o respectivo princípio: princípio segundo o qual, regente o bem de todos, as atribuições de direitos devem ser feitas objetivando o maior bem individual possível. É isso que confere, a cada um, a exigibilidade do que lhe é próprio; sob essa perspectiva, ao se falar naquilo que é devido a alguém, não se tem em vista, em primeiro lugar, um bem patrimonial, e tampouco se tem em vista aquilo que já está em seu patrimônio; é também sob essa perspectiva que se fala em direito previamente a qualquer atribuição, isto é, antes que exista qualquer norma positiva.

5. A pergunta "temos direito a um tratamento justo?" pode ser posta em dois ambientes distintos: aonde não chega o braço da lei e aonde chega o braço da lei. O primeiro ambiente é desconsiderado pelo positivista, como se não existisse; para as relações de justiça aí vigentes – que designo como capilares – reservarei um texto específico.

Examinemos agora essa questão no ambiente aonde chega o braço da lei.

O positivista se esquece de que, antes da lei, existe o legislador; nossa pergunta, portanto, precisa ser discutida *de lege ferenda*, diante do legislador.

Perguntemos, pois, para o legislador: Temos direito a um tratamento justo?

---

3. Sobre o positivismo jurídico, veja-se Sérgio Sérvulo da Cunha, *Fundamentos de Direito constitucional*, São Paulo, Saraiva, 2004, 1º vol., 303.2 e 603.31, 2º vol., 8; *Princípios constitucionais*, São Paulo, Saraiva, 2006, pp. 69-73, 92-4, 101-10.

Essa pergunta envolve uma preliminar indispensável, a respeito de quem seja o legislador. Porque, no senso comum, legislador é aquele capaz de determinar o que é justo. Na sua função não cabe ordenar o que for arbitrário, mas somente o que for adequado, conveniente e necessário. Na sociedade primitiva, a autoridade (do pai, do patriarca, do rei) fundava-se na presunção de que suas ações concorriam sempre para o bem de todos; ela provinha de Deus, e era indiscutida.

A instauração da democracia – correspondente ao estado adulto da sociedade – significa, em primeiro lugar, uma revolução psicológica: devemos aceitar que as leis, às quais nos sujeitamos, não têm origem transcendente, mas provêm de nós mesmos. A autoridade do legislador, hoje, funda-se na soberania popular: legisladores são os nossos representantes, cuja autoridade provém de nossa escolha[4].

Vimos acima que no pós-1789, quando cessado o impulso revolucionário e consolidada a ordem burguesa, o positivismo jurídico fixou a tese de que a lei é a expressão material da justiça[5]. E vimos, igualmente, que considerar o legislador infalível – de modo que a lei correspondesse invariavelmente ao justo – seria uma presunção sem calço na realidade, um resíduo do passado, em que ressalta a motivação ideológica[6].

Independentemente de sua filiação teórica, muitos positivistas entendem que houve desvio de finalidade quando a lei, notoriamente, afastou-se do que é justo. O

---

4. Este o princípio democrático: legitimadas para tomar as decisões fundamentais são as pessoas a quem elas afetam (*quod omnes tangit, ab omnibus approbetur*).

5. Ver cap. I, nota 9.

6. Falo aqui em ideologia como ocultação da realidade, conforme a acepção 3 do *Dicionário Compacto do Direito*: "Explicação encobridora da realidade, no interesse da dominação."

desvio legislativo decorre em grande parte de que, no processo de elaboração da lei, prevaleçam interesses particulares sobre o interesse geral. É por isso que, segundo a Constituição brasileira de 1988 (art. 45), e no entender comum da doutrina, o deputado é considerado representante da nação, e não representante do distrito ou do grupo que o elegeu.

A teoria da representação faz-nos pensar no legislativo como imagem do povo. Nele devem estar representadas todas as diversidades regionais e corporativas, supondo-se o aporte de conhecimento, trazido por qualquer delas, como necessário ao conhecimento da realidade nacional. A nação, porém, não é um mosaico de fragmentos, nem existe, no processo legislativo, a "mão invisível" que, do conflito entre esses interesses, faça nascer o interesse geral. Em outras palavras: a razão pública resulta do confronto das razões particulares. Por isso, o deputado não é um advogado de interesses regionais ou corporativos, e comete infração ética se ao votar põe esses interesses acima dos interesses nacionais[7].

O positivista ainda se esquece de que, depois da lei, existe o juiz. Nossa pergunta também precisa ser discutida

---

7. Comentando um texto aristotélico (*A política*, V, 1330a 20), diz Cornelius Castoriadis: "Isto novamente mostra uma concepção de política diametralmente oposta à mentalidade moderna de defesa e afirmação de 'interesses'. Os interesses têm, tanto quanto possível, que ser deixados de lado quando decisões políticas são tomadas" ("A pólis grega e a criação da democracia", in *Filosofia política*, L&PM, n.º 3/51, 75). No mesmo sentido a observação de José Antonio Giusti Tavares: se a representação política "fosse um processo pelo qual os diferentes interesses em que se decompõe a sociedade simplesmente se internalizassem e aninhassem no parlamento, de modo que este reproduzisse, no seu interior, como um microcosmo, mecânica e literalmente, em proporção ao peso específico de cada um, as diferentes forças em conflito na sociedade, o resultado consistiria em reverter esta última ao estado de natureza e beligerância do qual precisamente se pretende fazê-la emergir ao instituir a representação política" ("A teoria da representação política e do governo em Assis Brasil", in Joaquim Francisco Assis Brasil, *A democracia representativa na República*, edição fac-similar do Senado Federal, Brasília, 1998, p. VII).

de lege lata, diante do juiz. Perguntemos portanto ao juiz: – Temos direito a um tratamento justo?

Também no senso comum a existência do juiz supõe que, ao decidir as controvérsias, ele o faça com justiça. Houve entretanto, no correr do tempo, uma alteração substancial quanto à natureza da sua atividade.

Os primeiros juízes foram os patriarcas, ao punir os desvios de comportamento ou decidir as controvérsias segundo sua intuição, os costumes, a moral. Entre os inúmeros inconvenientes desse sistema – a incerteza, a subjetividade, o arbítrio – estava a inexistência de um padrão, conhecido previamente, que servisse de orientação ao comportamento. Era difícil, portanto, se estabelecerem as expectativas.

Nasceu assim a necessidade de normas, cuja existência representou inúmeras vantagens; na função dos reis passou a se incluir a imposição, no caso concreto, da norma que eles próprios haviam elaborado[8]. Já antes dos positivistas, se não considerarmos que os reis ou seus ministros foram os primeiros positivistas, estes sustentavam: a) que suas normas eram a expressão da justiça; b) que todo e qualquer direito nascia da incidência dessas normas.

Com o tempo, a função de julgar a adequação das condutas às normas foi sendo delegada a auxiliares do rei, por ele nomeados e demissíveis *ad nutum*. Os juízes aplicavam as sanções legais aos transgressores das normas e, subsidiariamente, protegiam os direitos subjetivos. Eram pois "legistas", letrados conhecedores da legislação real[9], braços mecânicos do monarca que se distinguiam não só pelo conhecimento, mas também pela obediência.

---

8. Sobre o conceito de norma jurídica e seu nascimento, veja-se Sérgio Sérvulo da Cunha, *Princípios constitucionais*, São Paulo, Saraiva, 2006, pp. 49-58.

9. Há exceções, correspondentes aos juízes leigos (escabinos) e aos júris populares.

Dizia Hobbes, no *Leviatã* (cap. XXVI): "Se o soberano nomear um juiz, este deve tomar cuidado para que sua sentença esteja de acordo com a razão do seu soberano [...]." Francis Bacon sustentava ser melhor a lei que deixasse menos margem ao arbítrio do juiz, e melhor o juiz que menos margem deixasse à própria vontade; sublinhava que a função do juiz era *jus dicere*, e não *jus dare*. Ihering, a propósito do Direito romano, assinalou que o objetivo de toda instituição era colocar o magistrado na impossibilidade de julgar conforme outra fonte do Direito que não as leis[10].

Desde a Antiguidade, preocupavam-se os monarcas com a liberdade de interpretação dos juízes que pudesse dar, às suas leis, um sentido diferente ao da sua vontade[11]. Justiniano quis impedir todo comentário ao seu Corpus Juris, e o mesmo pretendeu Napoleão Bonaparte com relação ao seu código civil[12]. A lei portuguesa de 18 de agosto de 1769, sob o nome de "boa razão", estabelecia limites à opinião dos doutores, e o código prussiano de 1794 proibia aos juízes a interpretação.

As compleições autoritárias acreditam ser possível moldar a sociedade, constrangendo-a nos limites estreitos de seus enunciados de vontade; buscam a identificação entre a lei física (que independe de aplicação) e a norma jurídica. A ser assim, a norma transformar-se-ia em

---

10. *O espírito do Direito romano*, cit. a partir da tradução francesa de O. de Meulenaere, Bologna, Forni, s/d, tomo 2, p. 42.

11. Veja-se Eduardo Espínola e Eduardo Espínola Filho, in J. M. Carvalho Santos e José de Aguiar Dias, *Dicionário enciclopédico do Direito brasileiro*, Rio de Janeiro, Borsoi, s/d, verbetes "Interpretação da lei" (vol. 28, pp. 65 ss.) e "Interpretação da norma jurídica" (vol. 29, pp. 44 ss.), e seu resumo em Sérgio Sérvulo da Cunha, *O efeito vinculante e os poderes do juiz*, São Paulo, Saraiva, 1999, pp. 160-3.

12. Conta-se que Napoleão Bonaparte, ao ter conhecimento da publicação de uma obra interpretativa do código civil francês, exclamou: "mon code est perdu".

mandado, os cidadãos em súditos, e o homem em autômato, porque, mesmo na obediência a uma ordem, existe a mediação da legalidade, da consciência e da liberdade.

O positivismo entendeu que, ao contrário do que acontecia no passado, ao juiz não cabe indagar o que é justo: basta-lhe identificar a norma incidente na hipótese; sua função corresponderia à chamada subsunção: subordinar, o fato que lhe apresentam, ao comando da lei correspondente. Haveria portanto uma perfeita continuidade entre a atividade do juiz e a atividade do legislador, e o Direito funcionaria como um relógio.

Cedo porém se percebeu que não poderia ser assim, porque a) o ordenamento jurídico – o conjunto das leis – é lacunoso; b) a norma é deficiente (ela é incapaz de dispor para todos os casos) e insuficiente (na solução de um caso concorrem várias normas e princípios); c) a cada caso é preciso aplicar o Direito, que é mais do que a lei; e d) somente caso a caso é possível aplicar corretamente o Direito (o conjunto de leis, normas e princípios), o que exige um trabalho de interpretação.

De modo que podemos afirmar: a função do juiz, na república, consiste em interpretar e aplicar as leis; mas certamente ele se equivocou se, assim fazendo, chegou a uma solução injusta.

6. A resposta à pergunta que encima estas linhas independe de discutir, exaustivamente, o positivismo.

Considero haver direitos cuja existência precede à existência da autoridade, e que esta foi constituída exatamente para assegurar o exercício dos direitos, principalmente dos direitos fundamentais. Antes da constituição da autoridade já existem direitos, segundo os quais ela é constituída sob pena de ser ilegítima.

À pergunta colocada no título, respondo: Sim. Temos todos direito a um tratamento justo.

Torna-se pertinente, então, perguntar: Se esse direito não provém da lei, qual a sua fonte?

A resposta a essa pergunta está contida acima; os direitos provêm da condição pessoal: das qualidades e do mérito. O modo segundo o qual se medem a condição pessoal e o mérito é de início o correspondente aos costumes, principalmente aqueles que são considerados impositivos; parece adequado afirmar, portanto, que os direitos se originam nos costumes e na moral, e é nestes que as pessoas firmam suas convicções a respeito do que seja justo.

A objeção positivista a essa tese sustentaria que direitos são por natureza exigíveis, de modo que só existem onde haja uma autoridade que os defina e imponha.

São bem conhecidas as respostas a essa objeção: direitos definidos pela moral também são exigíveis, embora seja diversa a sua sanção: é formal a diferença entre moral e Direito; se a efetividade fosse uma característica essencial de um direito, também não se poderia dizer que existam os direitos estatais; e o mesmo se deveria dizer dos direitos humanos e do Direito Internacional[13].

Assim, quando o Estado proclama a existência de um direito, essa proclamação não é constitutiva, mas declaratória desse direito; ele apenas reconhece o que já estava incluso na moral. Isso se pode dizer de todos os direitos primários. Há porém, além desses, direitos que podem ser designados como secundários ou de natureza técnica, provenientes de delegação por parte dos titulares dos direitos primários. Na democracia, está claro que

---

13. Ver Sérgio Sérvulo da Cunha: "O Direito como forma da liberdade", *Revista Leopoldianum*, vol. 15, n.º 14, dez. 1978, pp. 35-40; "Limites ao poder do Estado – ensaio de determinação do Direito na perspectiva dos direitos fundamentais", in Eros Roberto Grau e Willis Santiago Guerra Filho, *Direito constitucional – estudos em homenagem a Paulo Bonavides*, São Paulo, Malheiros, 2002, pp. 167-93.

os direitos do governo provêm da sociedade, mediante delegação.

Um outro aspecto a ser examinado neste tópico é o seguinte: se a todo direito corresponde um dever, e se temos o direito a um tratamento justo, a quem compete o dever de nos tratar com justiça?

Antes de nos precipitarmos, respondendo que é a autoridade, ou o Estado, convém assinalar que basicamente todos nós devemos aos demais um tratamento justo. Vimos que a justiça tem início na relação diádica.

Se não há justiça por parte da autoridade, ou do Estado, a resposta pode estar em uma dessas duas afirmações, ou em ambas, combinadas: a) se a autoridade é injusta, é porque não há democracia: seu poder deriva dela mesma, e não do povo; b) se a autoridade é injusta é porque, em seu comportamento, reflete um meio social onde vige a despreocupação com a justiça.

Portanto, todos somos dispensadores de justiça, e a existência de justiça na sociedade depende de que, em nossas relações cotidianas, tratemos os outros com justiça. Admitir que haja alguma circunstância em que possamos tratar os outros com injustiça seria admitir que haja alguma circunstância em que possamos ser tratados com injustiça.

Por fim, se todos temos direito ao tratamento justo, é insuportável o tratamento injusto, independentemente de onde venha e para onde vá; evitá-lo, corrigi-lo e proscrevê-lo é dever básico da vida em sociedade.

III. Justiça e processo

1. Em dogmática jurídica o termo "processo" tem várias acepções, dentre elas um sentido amplo (que inclui, por exemplo, o processo legislativo e o processo judicial) e um sentido estrito, que se refere exclusivamente ao processo judicial. É deste que trato no presente artigo.

Também não é propósito destas linhas cuidar de formas alternativas para a composição de litígios, como por exemplo a mediação, não obstante todo seu potencial inovador e a esperança de que o processo venha a ser um ponto de convergência de interesses, mais do que uma forma de aprofundamento de divergências.

Assim posto nosso tema, noto que a reflexão sobre justiça e processo faz-nos defrontar logo de início um paradoxo. Vejamos se consigo explicitá-lo.

Usarei para isso uma imagem. "R" – a pessoa que tomo como referência – foi lesada por "P". Em sua memória, "R" passa em revista todos os lances desse caso, como se fosse um filme, e se assegura de que um observador onividente e imparcial – "O" – que o assistisse, lhe daria razão: qualquer solução de justiça só lhe poderá ser favorável.

"R" hesita, porém, em submeter a questão ao judiciário; não por recear os acidentes a que está sujeito quem ingressa em juízo, e que podem distorcer a decisão, mas pelo seguinte: dado que toda questão submetida ao judiciário deve, necessariamente, obedecer às formas processuais, a parte que tem razão pode sucumbir diante daquela que não a tem se, por exemplo, perder um prazo ou deixar de recolher as custas cabíveis. "R" não considera essa fatalidade como um acidente, mas como uma opção deliberada do sistema: a exigibilidade da norma processual supera, em tal caso, qualquer consideração material de justiça. Em outras palavras: faz parte da essência do processo a desconformidade virtual entre a decisão judicial e a decisão de justiça.

Veja-se: "R" não está interessado em discutir por que as coisas são assim ou se podem deixar de ser assim; ele simplesmente observa que as coisas são assim. Para ele, todo processo judicial inclui duas questões: uma, "A", é a questão material que importa decidir; ela já ocorreu, está finda, acha-se inscrita no passado com seu *eidos* inalterável, correspondente àquele filme; outra, "B", é a disputa processual, que se desenrola entre as partes perante o juiz, e cuja perda pode levar ao decaimento da primeira[1]. Assim como acontece num exame vestibular, o êxito depende do domínio de certas habilidades: é contingente a relação entre a substância (num caso o conhecimento da matéria, no outro a justiça) e o resultado final[2].

---

1. É o mesmo que dizia Ihering: "Não há exagero em definir o processo como uma instituição que aumenta e multiplica as dificuldades na persecução do Direito, pois às questões materiais da lide acrescenta as questões formais do comportamento processual. Ele restringe e entrava o juiz na busca da verdade, e muitas vezes o constrange a produzir um juízo contrário ao de sua convicção; dá armas à injustiça contra o Direito; semeia suas prescrições de armadilhas nas quais a causa mais justa acaba por ficar presa. Tudo isso não supõe uma organização particularmente viciosa, mas resulta da própria idéia processual" (*O espírito do Direito romano*, cit. a partir da tradução francesa de O. de Meulenaere, Bologna, Forni, s/d, tomo IV, pp. 14-5).

2. É emblemático que Albert Einstein tenha sido reprovado no vestibular para a escola politécnica de Zurich.

Em sua coluna na *Folha de S.Paulo*, onde não brilha menos do que fazia nos estádios, o ex-jogador de futebol Tostão examinou a cena rotineira em que alguns comentaristas esportivos, acompanhados pelos telespectadores, discutem um lance do jogo; depois de repassar o vídeo por quatro ou cinco vezes e sob diferentes ângulos chegam a um veredito: houve ou não houve pênalti, houve ou não houve impedimento. Diz entretanto Tostão: "esses comentaristas se enganam porque o lance observado em câmera lenta na verdade não existiu; a existência do jogo é a do tempo real, de apreensibilidade bem inferior, em que a visão do árbitro e de seus assistentes pode até mesmo estar momentaneamente encoberta por algum corpo". A desconstrução efetuada pelo cronista, aqui, vai em sentido contrário àquilo que se pretende realizar no processo judicial: segundo Tostão, a realidade do lance de futebol está na sua fugaz precariedade, e não na sua reconstrução em laboratório[3]. No processo, ao contrário, o que se proclama como finalidade é fazer coincidir a "verdade processual" com a "verdade real". "R", porém, sustenta que a lógica do processo nega esse desiderato.

"R" tem um senso crítico superior ao da média; mas seu amigo "V", a quem relata o dilema, é mais cáustico e vai além: para ele, são "vendedores de fumaça" os que se atrevem a inscrever na denominação de um tribunal o termo "justiça", como por exemplo em "Tribunal de Justiça", "Superior Tribunal de Justiça"[4]. Segundo "V", os tri-

---

3. "Pênalti que só é claro visto pelas mil câmaras de televisão não é pênalti. É pênalti da televisão. [....] O árbitro não pode assinalar o que não vê. É preciso desmistificar também a onipotência da imagem. [...] A imagem não é tudo. Ela não pensa, não tem emoção nem sonha. Não é humana" (*Folha de S.Paulo*, 29.5.2005, p. D5).

4. Segundo Nélson Hungria, a expressão *venditio fumi* remonta ao Direito romano e prende-se a um fato histórico: "tendo o imperador Alexandre Severo sabido e averiguado que um tal Vetrônio, freqüentador da Corte, rece-

bunais não cometiam o pecado de falsidade quando submetiam as decisões a um ordálio; sua ciência era mais avançada do que a nossa, pois não confundiam o "noumenon" com o "fainoumenon"; nem cometiam o pecado do orgulho, pois – suposto que "O" se preocupasse com as quizilas humanas – ao juízo próprio, falível, prefeririam o de um observador onividente e imparcial. Dados os azares inafastáveis do curso processual, que fazem pender o resultado indiferentemente para quem tenha ou não razão, pondera "V", não parece destoante o comportamento do magistrado que – segundo a anedota – jogava os processos para o alto e depois ia decidindo "sim" ou "não" conforme a posição em que caíssem[5]. "V" entende que não apenas a elaboração das leis, mas também a das sentenças, pode ser comparada à fabricação de salsichas.

2. *"Da mihi factum, dabo tibi jus"*, promete o magistrado (dá-me o fato que te darei o Direito).

Embora a realização da justiça possa consistir em alguns casos – como para "R" – no restabelecimento da verdade, não é isso que se contém em tal promessa; o restabelecimento da verdade, aí, figura como condição para a realização da justiça, que consistiria numa prestação judicial (a condenação de "P", por exemplo). "V" afirma que a promessa é falsa, e para demonstrá-lo não precisa dis-

---

bia dinheiros a pretexto de influir nas decisões governamentais, fê-lo padecer o suplício de ser colocado sobre uma fogueira de palha úmida e lenha verde, vindo ele a morrer sufocado pela fumaça, enquanto o pregoeiro oficial advertia em altos brados: *'fumo punitur qui fumum vendidit'"* (*Comentários ao Código Penal*, 2.ª ed., Rio de Janeiro, Forense, 1959, vol. IX, p. 426).

5. Há várias versões para essa anedota, uma delas remontando a Rabelais: com a idade o juiz Bridoye já não se sentia tão justo quanto antes, pois não conseguia enxergar bem o resultado dos dados a partir dos quais proferia suas sentenças. Não obstante continuava a ordenar às partes a juntada de documentos, seja em obediência à formalidade, "sem a qual nada tem valor", seja porque manusear papéis é um exercício saudável e dignificante.

cutir o conceito (o conceito científico, o conceito filosófico, o conceito psicológico ou o conceito sociológico) de fato: basta verificar que a melhor configuração para a prolação da sentença é quando autor e réu não divergem quanto aos fatos. O judiciário, então, renuncia ao estabelecimento da verdade real, e para decidir a causa basta-lhe que não haja controvérsia quanto aos fatos ou, caso haja, que a seu respeito se firme uma versão verossímil, ainda que mediante expedientes como ficções, presunções e indícios, que preenchem as lacunas das provas.

"X", advogado de "R", não compartilha a opinião de "V" quanto às contradições do processo; ao contrário, admira esse pragmatismo, essa consciência das próprias limitações que leva à criação de instrumentos para controlar desvios, tais como a regra do juiz natural (em razão da qual a petição inicial deve ser distribuída ao juízo competente), a regra do múltiplo grau de jurisdição (que permite recurso de despachos, da sentença e mesmo de acórdãos) e as ações revisionais *lato sensu* (a ação de modificação de sentença, a ação revisional *stricto sensu* e a ação rescisória de sentença), que mitigam os efeitos da coisa julgada[6].

"X" considera que os direitos processuais das partes são direitos fundamentais, implícitos na Constituição brasileira ou explícitos, como, por exemplo, os dos incisos XXXV ("a lei não excluirá da apreciação do Poder Judiciário lesão ou ameaça a direito"), LIII ("ninguém será processado nem sentenciado senão pela autoridade com-

---

6. "Y" canta os louvores do processo, repetindo a lição de muitos autores: "O processo é miniatura do Estado democrático (ou 'microcosmos do Estado de Direito'), por ser construído em clima de liberdade, com abertura para a participação efetiva dos seus sujeitos, os quais são tratados segundo as regras da isonomia" (Cândido Dinamarco, *A instrumentalidade do processo*, São Paulo, *Revista dos Tribunais*, 1987, p. 440).

petente"), LIV ("ninguém será privado da liberdade ou de seus bens sem o devido processo legal"), LV ("aos litigantes, em processo judicial ou administrativo, e aos acusados em geral são assegurados o contraditório e ampla defesa, com os meios e recursos a ela inerentes"), LVII ("ninguém será considerado culpado até o trânsito em julgado de sentença penal condenatória") do art. 5º, e os do art. 93-IX ("todos os julgamentos dos órgãos do poder judiciário serão públicos, e fundamentadas todas as decisões, sob pena de nulidade, [...]"). Assim, restrições à liberdade das partes só podem ser admitidas em caso de estrita necessidade: são aquelas sem as quais o processo não teria condição de regular desenvolvimento.

À luz desses direitos fundamentais ele examina, por exemplo, as normas que impõem o pagamento de custas, as decisões que mandam autenticar cópias xerox não impugnadas pela parte contrária, as que fazem precluir o direito do recorrente se ao instrumento de agravo falta a cópia de alguma peça, as que mandam arquivar os autos por "perda de objeto" devido ao decurso do tempo (na verdade, devido à mora judicial) e as classifica como inconstitucionais, desproporcionadas, escandalosas. Todas elas contêm o que a doutrina platense chama de "excesso ritual manifesto"; infringem o princípio da estrita necessidade, que informa as restrições admissíveis ao exercício dos direitos das partes; criam óbices exagerados ao exercício desses direitos; operam contra a finalidade do processo e fazem-no passar por cima de qualquer consideração material de justiça.

3. "R" conversa sobre esse tema com "Y", professor de Direito. "Y" concorda com "X", mas entende que as coisas, em especial as repetitivas, não acontecem por acaso.

Ele mostra que, se um jogo – um jogo de cartas, por exemplo – é tradicional, suas regras são conhecidas e dispensam as partes do esforço de criá-las; é certo porém que as pessoas, de comum acordo, podem estabelecer variações na regra do jogo, como acontece, por exemplo, com a arbitragem[7]. Assim, deveria ser deixado mais espaço à convenção das partes em matéria processual[8].

Buscando a causa das distorções apontadas por "X", "Y" as atribui aos excessos autoritários. Não foi por acaso que o processo judicial, concebido como um conjunto de regras de ordem pública, tomou conta da cena, deixando como um resíduo ou exceção a arbitragem, na qual vige o princípio da autonomia da vontade. Para isso concorreram a desigualdade das partes, seu interesse subjetivo[9], e a falta de executividade das decisões arbitrais. Com base nessa observação, "Y" aponta quatro funções do processo judicial: a) a função pacificadora, que se contrapõe à justiça de mão própria; b) a função corretiva, que busca corrigir a desigualdade das partes; c) a função supletiva, que se exerce ali onde não chega o princípio da autonomia da vontade; d) a função executiva, correspondente ao poder de império.

A perspectiva de "Y" pode ser designada como "institucional". Não podendo saber *a priori* quem tem ou não razão, o juiz só pode proferir sentença após ouvir

---

7. Diz a lei 9.307, de 23.9.1996: "Art. 1º As pessoas capazes de contratar poderão valer-se da arbitragem para dirimir litígios relativos a direitos patrimoniais disponíveis. Art. 2º A arbitragem poderá ser de direito ou de eqüidade, a critério das partes. § 1º Poderão as partes escolher, livremente, as regras de direito que serão praticadas na arbitragem, desde que não haja violação aos bons costumes e à ordem pública. § 2º Poderão, também, as partes convencionar que a arbitragem se realize com base nos princípios gerais de direito, nos usos e costumes e nas regras internacionais de comércio."

8. Veja-se José Carlos Barbosa Moreira, "Convenções das partes sobre matéria processual", *Revista de Processo* 33/182, jan.-mar. 1984.

9. "Se o interesse do demandante é descobrir a verdade, o do réu é de evitá-lo. Um e outro desejam a verdade na medida do próprio interesse. Somente isso já faria necessária a regulamentação do processo, sem falar de outras considerações que a reclamam" (Ihering, ob. cit., p. 14).

alegações e sopesar provas, e para esses trâmites é necessária uma disciplina. Assim como, no que diz respeito à atividade legislativa, estabeleceu-se a presunção de que a lei consubstancia a justiça, no âmbito do processo criou-se a idéia de justiça procedimental, contra a qual chocam-se as pretensões particulares de justiça material, de que "R" se faz porta-voz. Seria útil que, de lado a lado, houvesse uma certa permeabilidade aos respectivos argumentos. Mesmo porque, quando se trata do processo penal, parece ocorrer uma inversão de posições. Aqui, as pretensões institucionais de realização da justiça – conformidade entre o Direito material e o resultado do processo –, que na prática oficial tendem a confundir-se com um certo *animus puniendi*, chocam-se contra a resistência da consciência cidadã, que tende a considerar o processo como garantia individual.

"Z", jurista a quem "R" consulta, critica o autoritarismo do processo, entendendo que ao juiz, por exemplo, não cabe impedir a participação, na audiência, de quem está sem gravata, sem paletó ou sem sapato. Ele não confunde o autoritarismo do processo com a autoridade do juiz (basicamente, seu poder de incoação, que pode levá-lo, por exemplo, a decidir sobre o cabimento ou não de alguma prova), e acha que o autoritarismo reside na maior ou menor possibilidade que tenham as partes de se opor ao arbítrio do juiz, principalmente quando suas decisões criem fatos consumados. Sob esse prisma deve ser visto, por exemplo, o poder de polícia do juiz, e notadamente o chamado *contempt of court*. Não se inclui no poder de julgar a faculdade de censurar a expressão verbal ou escrita da defesa, diz "Z", para quem o *contempt of court* é fruto de presunção majestática, arrogância do juiz, que atenta contra os direitos humanos quando excede a necessidade de levar adiante os trâmites processuais.

Segundo "Z", a extrema desigualdade socioeconômica, aliada a uma cultura da litigância, deu lugar no Brasil a um número exagerado de processos judiciais, que seria suficiente para afastar da magistratura todo e qualquer pretendente, não fossem seus demais atrativos. Nesse contexto, o processo deixou de ser visto como aquilo que efetivamente é – a expressão de interesses pessoais valiosos, a matéria para o exercício útil da capacidade profissional – e passou a ser considerado como algo impertinente, uma espécie de invasor da doce praia burocrática. Em vez do que é próprio – buscar solucioná-los – insinuaram-se na prática judicial regras perversas, como se exterminá-los fosse seu principal objetivo.

"Z" diz que um dos maiores erros cometidos pela cidadania no pós-1988, que levará muitos anos até ser corrigido, foi ter deixado nas mãos da magistratura as iniciativas quanto à legislação processual. E arremata seu discurso reproduzindo frase do juiz Raphael de Almeida Magalhães: "O juiz deve ter a longanimidade necessária para ouvir com paciência as queixas, reclamações e réplicas que a parte oponha a seus despachos e sentenças. Apontar os erros do julgador, profligar-lhe os deslizes, os abusos, as injustiças, em linguagem veemente, é direito sagrado do pleiteante. O calor da expressão deve ser proporcionado à injustiça que a parte julgue ter sofrido. Nada mais humano do que a revolta do litigante derrotado. Seria uma tirania exigir que o vencido se referisse com meiguice e doçura ao ato judiciário e à pessoa do julgador que lhe desconheceu o direito. O protesto há de ser, por força, em temperatura alta. O juiz é que tem de se revestir da couraça e da insensibilidade profissional necessária para não perder a calma e não cometer excessos."[10]

---

10. *RF* 51/627, cf. Paulo Brossard, voto na Adin 1.127-DF, *RTJ* 178/67.

4. Caso "R" estivesse preocupado, não com a resolução do seu problema pessoal, mas com a reforma do processo, deveria estender sua pesquisa a outros temas, como, por exemplo, a denegação de justiça, a multiplicidade de incidentes processuais, o castigo representado pela infinda duração do processo e as vantagens que têm, com ele, o poder público e as grandes corporações.

Quanto à assim chamada "denegação de justiça" – sobre a qual em 1982 escrevi despretensioso artigo[11] –, Louis Favoreu dedicou um extenso volume[12]. A meu ver, o conceito de denegação de justiça – em que o termo "justiça" figura como sinônimo de prestação jurisdicional – não diz respeito às limitações naturais do processo, mas às restrições injustificadas ao exercício do direito das partes[13].

A multiplicidade de incidentes processuais – espelhada na necessidade de ajuizar novas ações, meios de impugnação e recursos que passam a ter tramitação separada – decorre muitas vezes da excessiva especialização dos juízos, com prejuízo da concentração, sob a mesma autoridade judicial, de todos os aspectos ligados à mesma causa. Sob esse ângulo, a norma processual pode ser causa de denegação de justiça.

A demora na prestação jurisdicional, principalmente no Estado de São Paulo, passou a ser insuportável. En-

---

11. "Denegação de justiça". Associação dos Advogados de São Paulo: I Encontro dos Advogados do Estado de São Paulo; ver também *Revista de Direito Civil* 29/173, jul.-set. de 1984. Desde essa época, um dado positivo quanto à qualidade do serviço judicial no Brasil, não obstante os seus defeitos, foi a criação dos juizados especiais.

12. *Du déni de justice en droit public français*, Paris, LGDJ, 1964.

13. Essa noção difere um pouco da abraçada por Favoreu, para quem denegação de justiça é "a impossibilidade, para o demandante, de obter o confronto de sua situação, por um juiz, com as regras de Direito aplicáveis, em conseqüência de uma falha na organização ou funcionamento jurisdicional" (ob. cit., pp. 27-8). No artigo supra-referido distingo entre denegação de justiça e injustiça.

quanto a duração dos processos não se reduzir ao razoável, parece útil adotar preferências para os feitos mais antigos, que prevejam até mesmo a aplicação de um rito especial. Ao serem ajuizados, todos os processos são iguais, mas a partir de sua distribuição passam a sofrer preferências vegetativas discriminatórias; processos rotineiros ou repetitivos passam à frente dos demais, e dentre estes alguns ficam encruados. Juízes vão e vêm, testemunhas mudam de endereço, interesses se transformam, a memória das coisas se perde, ações prescrevem, direitos precluem, a lei se altera, o mundo se transforma, mas não termina o vínculo indissolúvel entre a parte e o processo, até que a morte os separe. Os autos são o corpo de delito de um crime sem autoria, e a existência do processo só é lembrada ao figurar, nas certidões forenses, como empecilho à vida.

Na sua "Introdução à sociologia da administração da justiça"[14], diz Boaventura de Sousa Santos: "[...] na Alemanha verificou-se que a litigação de uma causa de valor médio na primeira instância de recurso custaria cerca de metade do valor da causa. Na Inglaterra verificou-se que em cerca de um terço das causas em que houve contestação os custos globais foram superiores aos do valor da causa. Na Itália, os custos da litigação podem atingir 8,4% do valor da causa nas causas com valor elevado, enquanto nas causas com valor diminuto essa percentagem pode elevar-se a 170%. Estes estudos revelam que a justiça civil é cara para os cidadãos em geral mas revelam sobretudo que a justiça civil é proporcionalmente mais cara para os cidadãos economicamente mais débeis. É que são eles fundamentalmente os protagonistas e os interessados nas ações de menor valor e é nessas

---

14. *Revista de Processo*, n.º 37, jan.-mar. 1985, pp. 120-39.

ações que a justiça é proporcionalmente mais cara, o que configura um fenômeno da dupla vitimização das classes populares face à administração da justiça".

Proteger os mais pobres não significa criar uma justiça de viés proletário, mas a) buscar tanto quanto possível a chamada "igualdade das armas"; b) dissolver, tanto quanto possível, os preconceitos elitistas da judicatura. É praticamente unânime, nas reflexões sobre esse tema, constatação igual a esta de Carlos Maximiliano: "a magistratura constitui um elemento conservador por excelência" e "o pretório é a última cidadela que as idéias novas expugnam"[15].

Vimos que os primeiros juízes foram os patriarcas, ao punir os desvios de comportamento ou decidir as controvérsias segundo sua intuição, os costumes, a moral. Em seguida foram os reis, ao impor, no caso concreto, a norma que eles próprios haviam elaborado. Não se percebia ainda a distinção entre as funções do governo, enfeixadas todas em mãos de um único governante. Com o tempo, a função de julgar a adequação das condutas às normas foi sendo delegada a auxiliares do rei, por ele nomeados e demissíveis *ad nutum*.

Os juízes aplicavam as sanções legais aos transgressores das normas de ordem pública e, subsidiariamente, protegiam os direitos subjetivos. Eram pois "legistas", letrados conhecedores da legislação real[16], braços mecânicos do monarca que se distinguiam não só pelo conhecimento mas também pela obediência[17]. A profissionali-

---

15. Carlos Maximiliano, *Hermenêutica e aplicação do Direito*, 7.ª ed., Rio de Janeiro-São Paulo, Freitas Bastos, 1961, p. 228.
16. Há exceções, correspondentes aos juízes leigos (escabinos) e aos júris populares.
17. Dizia Hobbes, no *Leviatã* (cap. XXVI): "Se o soberano nomear um juiz, este deve tomar cuidado para que sua sentença esteja de acordo com a razão do seu soberano [...]."

zação da magistratura fez parte do processo de racionalização e desencantamento do mundo; a autoridade do juiz, sem a confiança individual que inspirava sua aura de sabedoria, enraíza-se hoje na estrutura burocrática do poder: morreu o modelo ideal em que o juiz, livre da constrição normativa, era senhor da própria decisão.

A formação do corpo da magistratura só foi possível na medida em que o rei se assegurou de sua fidelidade mediante artefatos como a avocatória, o *référé*, o poder de exoneração *ad nutum* do juiz, o princípio da legalidade aliado à regra da subsunção[18]. Foi esse o judiciário, de configuração monárquica, que a república recebeu.

Àquela observação de Carlos Maximiliano, acrescenta Cláudio Souto: "A perspectiva tradicional do juiz brasileiro e de sua função não é portanto rigorosamente científico-substantiva, antes é ideológica. Está se entendendo aqui por ideologia, não seu sentido originário de teoria das idéias, mas aquele (corrente hoje nos meios acadêmicos) de conhecimento errôneo ou pelo menos duvidoso – em virtude de seu condicionamento social perturbador da objetividade científica, incluído nesse condicionamento o de classe."[19] Sobre o tratamento desse

---

18. Francis Bacon sustentava ser melhor a lei que deixasse menos margem ao arbítrio do juiz, e melhor o juiz que menos margem deixasse à própria vontade: "*Optima lex quae minimum relinquit arbitrio judicis, optimus judex qui minimum sibi.*" E sublinhava que a função do juiz era *jus dicere*, e não *jus dare*. Jhering, a propósito do Direito romano, assinalou que o objetivo de toda instituição era colocar o magistrado na impossibilidade de julgar conforme outra fonte do Direito que não as leis (*O espírito do Direito romano*, cit. a partir da tradução francesa de O. de Meulenaere, Bologna, Forni, s/d, tomo 2, p. 42). São em carradas as glosas quanto à adstrição do juiz à norma legal, assim a de Francisco Campos: "Não existe nenhum sistema jurídico em que se conceda ao juiz permissão para substituir à regra legal a que lhe seja ditada pela sua consciência, ou pelo seu sentimento de justiça, ou pela sua filosofia econômica, política ou social" (*RF* 128/378).

19. Cláudio Souto, *Ciência e ética no Direito*, Porto Alegre, Sergio Antonio Fabris, 1992, p. 57.

tema no exterior, veja-se por exemplo Ronald Dworkin, P. Barile, François Geny, André-Jean Arnaud, Carlos Guarnieri, Jorge Vanossi[20]. A meu ver, a consecução do segundo objetivo só é possível numa sociedade aberta, que não se arreceie de olhar-se ao espelho.

5. Retornando ao título deste capítulo – onde o termo justiça figura como valor correspondente ao que é justo –, para encerrá-lo me proponho examinar algumas relações entre o Direito material e o Direito processual.

Orientam-me neste passo as lições de Pontes de Miranda, para quem a ação é instituto de Direito material; ação, diz ele, é o movimento do titular do direito no sentido de satisfazê-lo. Nem toda ação se deduz necessariamente em juízo: o titular de um crédito que exige seu pagamento ou o leva a protesto exerce ação; o devedor que compensa seu débito com débito do respectivo credor exerce ação. As denominações utilizadas no processo – *v.g.* ação ordinária, ação sumaríssima – dizem respeito ao rito ou procedimento que toma a ação, e não à sua natureza. Pontes refere-se ao princípio da coextensão entre os direitos e as ações, que aliás se manifestava no art. 75 do código civil de 1916: "A todo direito corresponde uma ação que o assegura." Isto significa, por exemplo, que o juiz não pode indeferir petição inicial porque não encontrou,

---

20. Ronald Dworkin, *A Matter of Principle*, cf. tradução de Luís Carlos Borges, *Uma questão de princípio*, São Paulo, Martins Fontes, 2000; Paolo Barile, "Poder judicial y sociedad civil en las democracias occidentales contemporáneas", in *Función del poder judicial en los sistemas constitucionales latinoamericanos*, México, UNAM, 1977; François Geny, *Méthode d'interpretation et sources en droit privé positif*, Paris, LGDJ, 1919; André-Jean Arnaud, *Le Droit trahit par la Philosophie*, cf. tradução de Wanda Capeller e Luciano Oliveira, *O Direito traído pela filosofia*, Porto Alegre, Sergio Antonio Fabris, 1991; Carlo Guarnieri, *L'independenza della magistratura*, Padova, CEDAM, 1981; Jorge Vanossi, *Teoría constitucional*, Buenos Aires, Depalma, 1976, 2° vol.

na legislação processual, referência ao respectivo tipo de ação. Em sua doutrina, ressalta a afirmação de que na norma não está todo o Direito. Isto significa que o juiz não deve decidir com base na literalidade da norma, mas levando em conta o princípio ou os princípios dos quais ela se irradia.

Tanto quanto as normas – e mais do que elas –, os princípios são fontes primárias do Direito e integrantes do ordenamento jurídico positivo. Eles são – como diz Canotilho a propósito dos princípios constitucionais – "princípios historicamente objetivados e progressivamente introduzidos na consciência jurídica"[21], a partir da necessidade de justificação das normas. Assim, a adstrição do juiz aos princípios também significa adstrição à positividade, e é tão ou mais importante do que a adstrição à norma. Não há, nos princípios, mais perigo do que nas normas; os males de que aparentemente são causa provêm da maneira como são concebidos e manejados. Também são grandes os riscos do formalismo (racionalismo normativista), presentes no positivismo e na tentativa de transformar em maquinismo tanto o ordenamento quanto o processo.

A mera identificação dos elementos de um sistema prescritivo (*v.g.* a identificação da norma incidente, dentro do sistema do ordenamento) não é suficiente à sua compreensão e aplicação; para isso também é necessário revelar seus princípios. Sem os princípios que o explicam e determinam não se vê o sistema, mas tão-só uma coleção de elementos. A ciência consiste em observar o sistema, identificar seus elementos, estabelecer suas relações e revelar seus princípios.

---

21. J. J. Gomes Canotilho, *Direito constitucional*, Coimbra, Livraria Almedina, 1986, p. 120.

Assim, toda norma deve ser lida como se fosse parágrafo de um artigo cujo *caput* compreende os princípios de que se irradia e que justificam sua existência como norma. É a isso que corresponde aplicar a norma segundo seu espírito, e não segundo sua literalidade. Dentre os princípios, porém, há uns de menor e outros de maior extensão. O mais extenso, que se irradia desde o topo para todas as normas, é o princípio da justiça, que no ordenamento jurídico brasileiro está positivado como objetivo da ordem interna (*v.g.*, na Constituição brasileira, o preâmbulo e os arts. 3º-I e 5º-XXIV).

No processo acentua-se a coincidência entre justiça e eqüidade, que para Aristóteles eram a mesma coisa, embora a eqüidade fosse "melhor. O que cria o problema é o fato de o equitativo ser justo, mas não o justo segundo a lei, e sim um corretivo da justiça legal. A razão é que toda lei é de ordem geral, mas não é possível fazer uma afirmação universal que seja correta em relação a certos casos particulares"[22]. Daí ter Blackstone definido a eqüidade como "a correção dos defeitos que procedem da universalidade da lei"[23].

---

22. *Ética de Nicômaco*, V, 1.137b-10, cf. edição da Universidade de Brasília, 1992.

23. Sobre eqüidade, ver cap. I, nota 17.

IV. Justiça e formalismo

1. Quando eu era criança, às vezes fazíamos apostas. Primeiro se fixavam os elementos da aposta: seu objeto e o respectivo valor; depois os dois apostadores apertavam as mãos, e uma testemunha "cortava" o aperto de mãos, formalizando o contrato: a aposta passava a existir a partir do momento em que, "cortado", se desfazia o aperto de mãos. A forma segundo a qual se fizera a aposta era aí, claramente, fator de existência do contrato.

Não sei de onde veio essa prática nem se ela ainda existe. O fato é que repetíamos hábitos dos adultos, há muito tempo estabelecidos. No primeiro ano da faculdade vi que, no primitivo Direito romano, os contratos se firmavam de modo semelhante. Um manual descreve o *nexum*, vínculo estabelecido entre os figurantes, tal como ocorria no contrato de mútuo: "Quando ainda a moeda não era cunhada, o *nexum* se fazia assim: deviam estar presentes as duas partes (futuro credor e futuro devedor), perante cinco testemunhas e um porta-balança (*libripens*), pessoa encarregada de pesar o metal. Quem realizava o empréstimo fazia uma pergunta àquele que o recebia. Conhecemos só o teor da resposta do *accipiens*: 'reconheço que acabo de receber esta importância para pagar num tempo determinado'. Assim o vínculo era constituído."¹ E acrescenta: "... Mas quando a moeda veio a ser o *aes signatum*, isto é, cunhada, não houve mais necessidade de pesar o metal. Contudo, continuou a fazer-se a pesagem simbólica, sendo suficiente o *accipiens* tocar na balança com a moeda."

Também extremamente formal era o primitivo sistema das ações da lei (*legis actiones*). Discorre o mesmo livro quanto a uma das ações da lei (a *legis actio sacramento in rem*): "O autor, tendo em mão uma varinha ('vindicta' ou 'festuca') apreendia a coisa ou seu símbolo, dizendo: 'Declaro que esta coisa é minha por direito dos Quirites segundo sua razão. Por haver assim declarado, impus a varinha'." E conclui, criticamente: "O sistema processual das ações da lei era muito rigoroso e formalístico: bastava ter-se pronunciado uma palavra diferente da estabelecida pela lei para se perder a lide."²

2. No exemplo com que se abrem estas linhas distinguem-se claramente, de um lado, o acordo de vontades (a concordância das partes quanto aos elementos da aposta) e, de outro, a forma mediante a qual se materializa esse acordo. O acordo de vontades é na verdade o que interessa, mas só se considerava como existente se adotada a forma respectiva. Costumava-se por isso dizer que *forma dat esse rei*, isto é, "a forma dá o ser da coisa".

Compreende-se que, em sociedades que pouco utilizavam a escrita, se atribuísse tanta importância ao ritual. Com este se evitava qualquer dúvida sobre a existência ou não do acordo, e se imprimia – não no papel, mas na lembrança das pessoas – que ele se havia realizado. Para

---

1. Alexandre Correia e Gaetano Sciascia, *Manual de Direito romano*, São Paulo, Saraiva, 1967, vol. I, p. 276.
2. *Id.*, pp. 95-7.

nós, modernos, parece um exagero perder a ação por não se haver recitado devidamente a respectiva fórmula. E muitos autores condenam esse exagero: "É certo que esse formalismo se foi esmaecendo, na medida em que o Direito romano, gradualmente, se emancipou do jugo das formas que, por longo tempo, o avassalou."[3]

Hoje em dia dispomos de instrumentos que nos dispensam de recitar fórmulas para praticar um ato jurídico ou propor uma ação. É verdade que, em seus arts. 104-III, 107 e 166-IV, o código civil brasileiro acentua a invalidade do ato que não tiver adotado a forma prescrita em lei; mas esse mesmo código se previne contra o formalismo mediante disposições como as de seus arts. 112 e 113[4]. A interpretação, a seu turno, pode remediar defeitos de elocução na prática do ato jurídico; seu fito, sublinha Pontes de Miranda, é "o de se descobrir o sentido. [...]. Se A vendeu o prédio n.º 536 e o que ele tem é o de n.º 636, a interpretação pode mostrar que a venda foi desse, e não daquele"[5]. O mesmo autor acentua o princípio da salvabilidade dos atos jurídicos[6], em que sem dúvida se inspiram, por sua vez, os arts. 183

---

3. Adalício Coelho Nogueira, *Introdução ao Direito romano*, Rio de Janeiro-São Paulo, Forense, 1971, 2º vol., p. 127. Sobre a evolução do formalismo no Direito germânico, veja-se Robert Huebner, *Grundzüge des deutschen Privatrechts*, cit. cf. tradução para o inglês, *A History of Germanic Private Law*, New York, Augustus M. Kelley, 1968, pp. 508-13.

4. Art. 112: "Nas declarações de vontade se atenderá mais à intenção nelas consubstanciada do que ao sentido literal da linguagem." Art. 113: "Os negócios jurídicos devem ser interpretados conforme a boa-fé e os usos do lugar de sua celebração."

5. Francisco Cavalcanti Pontes de Miranda, *Tratado de Direito privado*, tomo III, § 333.2.

6. De acordo com o *Dicionário Compacto do Direito*, o princípio da salvabilidade dos atos jurídicos é aquele "segundo o qual os efeitos da invalidade são apenas os necessários e inevitáveis, preservando-se sempre o ato jurídico no que for possível".

e 184 do código civil[7], 154, 244, 250 e 515, § 4º do código de processo civil[8].

O formalismo, porém, continua tão presente quanto no passado, a ponto de o admitirmos como uma característica indissociável do Direito; acostumados à sua atmosfera, tem-no os operadores jurídicos como algo inerente à prática jurídica. Ninguém perde uma ação porque deixou de recitar uma fórmula, mas pode perdê-la se deixou, por exemplo, de juntar ao instrumento de agravo a cópia de um documento presente nos autos; também já houve casos em que a parte perdeu a ação porque seu advogado esqueceu de assinar a petição entregue em cartório. Mudam as técnicas – como se vê, por exemplo, com a internet – mas permanece a necessidade de materializar a manifestação de vontade, de elaborar documentos para prova dos atos jurídicos, de autenticá-los e de prevenir a fraude. No que diz respeito ao processo judicial, não há como fazê-lo sem que se fixem prazos e procedimentos.

3. O termo forma possui um largo espectro semântico[9]; nós o usamos a todo momento como jeito, modo,

---

7. Art. 183: "A invalidade do instrumento não induz a do negócio jurídico sempre que este puder provar-se por outro meio." Art. 184: "Respeitada a intenção das partes, a invalidade parcial de um negócio jurídico não o prejudicará na parte válida, se esta for separável; a invalidade da obrigação principal implica a das obrigações acessórias, mas a destas não induz a da obrigação principal."

8. Art. 154: "Os atos e termos processuais não dependem de forma determinada senão quando a lei expressamente a exigir, reputando-se válidos os que, realizados de outro modo, lhes preencham a finalidade essencial." Art. 244: "Quando a lei prescrever determinada forma, sem cominação de nulidade, o juiz considerará válido o ato se, realizado de outro modo, lhe alcançar a finalidade." Art. 250: "O erro de forma do processo acarreta unicamente a anulação dos atos que não possam ser aproveitados, devendo praticar-se os que forem necessários, a fim de se observarem, quanto possível, as prescrições legais. Parágrafo único – Dar-se-á o aproveitamento dos atos praticados, desde que não resulte prejuízo à defesa."

9. Veja-se por exemplo a extensão que lhe dedicam Littré (*Dictionnaire de la langue française*) e o *Dicionário Houaiss da língua portuguesa*.

maneira de fazer, e é assim que o utiliza o legislador ao dizer "nos termos da lei", "na forma da lei". Esta a primeira acepção referida no *Dicionário Compacto do Direito* (*DCD*)[10]: "modo, rito, procedimento, meio adotado para fazer alguma coisa". Adiante, o *DCD* menciona duas acepções filosóficas de forma: "o que infunde singularidade à matéria"; e "suporte material da substância".

Entretanto, o significado desse termo apreende-se mais facilmente na literatura jurídica do que no linguajar filosófico. Em Direito das obrigações, a forma (escrita ou oral; pública ou particular) é o "meio pelo qual a vontade se manifesta" (*DCD*, acepção 2). Com efeito, explica Ihering, "para admitir a existência da vontade jurídica, é preciso que seja possível reconhecê-la: ora, apenas sua manifestação exterior pode fazê-la reconhecida"[11].

Há porém uma segunda acepção de "forma", mais ampla, correspondente a tudo aquilo que, na atividade humana, se adiciona à matéria, de modo a fazer alguma coisa ou a criar espécie nova. Sob essa perspectiva, a forma não está presente apenas no Direito privado, mas também em Direito processual (abrangendo os procedimentos e os prazos) e em Direito público (a partir de quando, por exemplo, se elabora a lei). Antes disso, ela está presente nos próprios conceitos jurídicos, na medida em que deles faz parte a perspectiva sob a qual são considerados os fatos correspondentes.

Formal – que pode ser substantivo, como se vê em "formal de partilha" – na maioria dos casos é um termo

---

10. Sérgio Sérvulo da Cunha, *Dicionário Compacto do Direito*, São Paulo, Saraiva.

11. R. von Ihering, *Geist des römischen Rechts*, cit. a partir de edição em francês, *L'esprit du droit romain*, Bologna, Forni, s/d, tomo III, p. 165. Também são preciosas, quanto ao conceito de forma, as páginas de Pontes de Miranda em seu *Tratado de Direito privado*, 3ª ed., Rio de Janeiro, Borsoi, 1970, tomo 3, §§ 332 a 344.

usado como adjetivo. O *DCD* oferece, dele, três acepções: "1. Relativo à forma. 2. Relativo à lógica formal. 3. O que se faz segundo formas determinadas." Vê-se, a partir daí, como essa qualidade é inerente à natureza do Direito; já dizia Ihering bem por isso, ao discorrer sobre a forma, que não se trata "de um fenômeno puramente exterior, mas de um objeto cuja importância interna é considerável"[12].

Compare-se, por exemplo, o Direito com a moral; desta pode-se dizer que é informal: nasce e se desenvolve espontaneamente, como criação do povo, independentemente de qualquer projeto ou plano. Jurídico, porém, é somente o que obedece a formas determinadas, a começar da elaboração da lei.

Vê-se como, desde cedo, a positividade do Direito o diferencia e o afasta da moral: da exigibilidade do ordenamento decorrem presunções legais e ficções[13]; dentre estas a maior delas, e mais radical, se expressa na máxima segundo a qual a ignorância da lei não excusa[14], geralmente referida em latim e muitas vezes a par desta outra, popular: *dormientibus non succurrit ius*. Ressaltam os aspectos políticos e sociais dessas máximas, principalmente em países carentes de cultura, tradição e instrução, antigas colônias em que o modelo do ordenamento, importado da metrópole, era basicamente um ornato das elites. Em muitos casos a ficção do conhecimento da lei

---

12. R. von Ihering, *id.*
13. Ficção, diz o *Dicionário Compacto do Direito*, é "o artifício legal com que se tem como verdadeiro o que se sabe não ser verdadeiro. Presunção é o modo de estabelecer uma certeza a partir de uma probabilidade, tendo em vista aquilo que costuma acontecer; muitas vezes a lei se antecipa e – independentemente de que um fato seja ou não verdadeiro – aceita-o, sem possibilidade de discussão, como verdadeiro (presunção legal ou presunção *iuris*)".
14. "*Constitutiones Principum nec ignorare quemquam, nec dissimulare permittimus*" (Código de Justiniano, liv. I, tít. XVIII, lei 12). No mesmo sentido o decreto de 9 de setembro de 1747 e o alvará de 10 de junho de 1753 (cf. Teixeira de Freitas, *Vocabulário jurídico*, São Paulo, Saraiva, 1983, vol. 1, p. 122).

é tão chocante que não apenas evidencia a artificialidade do Direito, mas, ao denunciar a distância entre a verdade formal e a verdade real, caracteriza-o como uma farsa.

Também muito empregado é o termo <u>formalização</u>.

Em sentido técnico, formalização é o processo segundo o qual a mente, operando por abstração, prescinde de algum, de vários ou de todos os elementos de um conteúdo; é o que acontece, por exemplo, quando abstraímos a causa de um título executivo, ou a causa do acordo de transmissão da propriedade[15].

Mas também designamos como formalização o ato de dar forma – e, com isso, dar existência[16] – ou de acrescentar formalidade.

Dentre as funções do governo existe uma, especificamente formalizadora, que designo como "função certificatória". Na administração pública a formalização é o mesmo que a automatização nos corpos vivos, pois significa economia de trabalho e diferenciação da função raciocinante. A função certificatória diz respeito à forma-

---

15. Em sua feição mais radical, relevante em lógica e na matemática, a formalização esvazia um objeto de qualquer conteúdo, retendo-lhe apenas a casca ou vestimenta, isto é, sua forma. Quando, no então curso primário, estudei a "regra de três", fui apresentado a uma incógnita, que voltaria a encontrar no ginásio, ao estudar as equações de primeiro e de segundo grau: por exemplo, "x". A incógnita é um símbolo cujo conteúdo se desconhece. Mas, se eu leio que $x = 4/2$ ou $10/5$, fico sabendo que $x = 2$. A partir de Morgan e Boole criou-se o que se passou a designar como lógica matemática ou logística, e também se fizeram experiências de formalização da linguagem jurídica. Ver Gilles Gaston Granger, *Lógica e filosofia das ciências*, São Paulo, Melhoramentos, 1955, principalmente pp. 190-205; Mario G. Losano, *Lições de informática jurídica*, São Paulo, Resenha Tributária, 1974; Georges Kalinowski, *Introduction à la logique juridique*, Paris, R. Pichon & R. Durand-Auzias, 1965 (há também edição argentina: *Introducción a la lógica jurídica*, Buenos Aires, Eudeba, 1973); Lourival Vilanova, *Lógica jurídica*, São Paulo, Bushatsky, 1976; I. M. Bochenski, *Formale logik* (cit. cf. edição espanhola, *Historia de la lógica formal*, Credos, Madrid, 1965, pp. 333-4).

16. Costumamos dizer que um acordo "foi formalizado", em vez de dizer que ele foi feito, ou celebrado.

ção de títulos legais, e, portanto, à constituição de direitos e pré-constituição de provas. Inclui as atividades de criação de documentos, realização e manutenção de registros públicos, extração de certidões, emissão de atestados e autenticações. Embora sendo difusa pode gerar órgãos especializados, e há profissionais (oficiais de notas e de registro) com essa exclusiva função, mediante delegação do poder público.

Seria um nunca acabar a enumeração dos fatos jurídicos, de natureza ou interesse privado, para cuja existência e prova passou-se a exigir forma pública, ou registro público. Basta mencionarmos as escrituras efetuadas em cartórios de notas e o registro civil, com seus assentamentos, entre outros, de nascimentos, casamentos e óbitos. Toda pessoa tem direito a um nome, a um estado civil, a uma profissão, a praticar atos negociais, assim como direito aos documentos para prova desses fatos. São as necessidades da vida civil a causa de se atribuir, ao governo, a emissão, autenticação e registro de documentos privados. Isso reclama normas, órgãos, burocracia e agentes públicos (escreventes, escrivães, tabeliães, notários) habilitados às funções de instrumentalizar declarações e manifestações de vontade, de efetuar registros e de fornecer certidões quanto ao que deles consta.

Aqui entra em cena o termo <u>formalidade</u>, que não diz respeito à manifestação da vontade considerada em si mesma, mas a necessidades de publificação, de segurança ou garantia[17]. É o que acontece, de modo geral, com relação a atestados, diplomas, certificados. Diz Pontes de Miranda: "a forma especial não se confunde com certas formalidades ou exigências que a lei faz para certa eficá-

---

17. Formalidades – diz Carlos Alberto Alvaro de Oliveira – são "circunstâncias não intrínsecas ao ato" (*Do formalismo no processo civil*, 2.ª ed., São Paulo, Saraiva, 2003, p. 5).

cia, como o registro para a constituição de direito real, ou a sua transferência, ou o reconhecimento de firmas para algum efeito de direito público ou privado"[18].

Embora sendo tão necessário, difuso e invisível quanto o ar, é temível esse poder certificatório, conducente não raro a abusos variados e a práticas tirânicas raramente discerníveis no cinzento da rotina burocrática. A origem de muitos desses abusos localiza-se na própria raiz da função certificatória, baseada na presunção de verdade dos registros e das declarações constantes de atestados e certidões (tratando-se de determinados agentes públicos, em sua "fé pública"). A formalidade, ainda que flagrantemente inidônea, vê-se em muitos casos passar à frente da realidade. Por exemplo: os anais legislativos mostram ocorrências como o atraso proposital do relógio existente no plenário, a fim de descaracterizar-se o decurso do prazo de votação; e os anais do executivo mostram fatos como a retenção do diário oficial a fim de que, incluindo matéria atrasada, venha a circular com data anterior à real.

Chegamos, por fim, ao formalismo, que é o exagero formal; o exagero, seja na imposição de formas, seja na importância que, na apreciação dos atos jurídicos, se atribui aos elementos formais.

Ninguém jamais cantou as excelências do formalismo tão bem quanto o já referido Ihering. Em sua obra clássica intitulada *O espírito do Direito romano*, dedica 114 páginas à "análise do formalismo" romano, e 91 à "essência e prática do formalismo". Nessa parte, sublinha, em resumo: a) "entre as duas idéias fundamentais do Direito romano, a forma e a liberdade, existe uma relação característica. Apesar de sua contradição aparente –

---

18. Francisco Cavalcanti Pontes de Miranda, *id.*, § 334, p. 352.

pois uma garante a liberdade mais ilimitada da vontade 'material' enquanto a outra restringe estreitamente essa liberdade ao ponto de vista 'formal' –, elas traem entretanto, pelo paralelismo de suas linhas de desenvolvimento, sua dependência mútua e uma relação recíproca e secreta que as enlaça estreitamente"; b) "as formas fixas são a escola da disciplina e da ordem, em conseqüência da própria liberdade, e uma garantia contra os ataques exteriores"; c) todos sentem as imperfeições do formalismo, ninguém vê seus benefícios, "porque estes são puramente negativos, isto é, consistem em afastar o mal. Um único caso que faz saltar aos olhos os inconvenientes da forma, [...] choca mais vivamente que milhares de casos onde o curso das coisas se perfaz normalmente e onde a forma cumpre sua missão benfazeja"; d) "escutemos agora a censura moral dirigida contra o formalismo. Declarando não obrigatória a palavra dada, em razão de um insignificante vício de forma, o direito despreza o sentimento moral: despreza-o deixando livre de pena e mesmo de censura o mais gritante abuso de confiança, e abrindo, com ajuda da forma, um refúgio seguro para a mentira e a fraude". Por último, apresenta um balanço das vantagens e das desvantagens do formalismo.

Creio que todos concordamos com esses pontos de vista. A forma confere certeza, segurança, economia. Compare-se, por exemplo, o casamento com a união estável. A certidão de casamento é a prova, formal, do ato de casamento e do estado de casado; já a união estável é de prova mais difícil. Assim, poderíamos subscrever a frase de Michel Miaille, segundo o qual o formalismo não passa de "um desvio extremo de um processo que está no próprio cerne do direito na nossa sociedade"[19].

---

19. Michel Miaille, *Une introduction critique au droit*, cit. cf. edição portuguesa, *Introdução crítica ao Direito*, 2.ª ed., Lisboa, Estampa, 1989, p. 181.

Entretanto, nenhum de nós pode deixar de se incomodar com um sistema em que se insinua, com tanta freqüência, a possibilidade de injustiças gritantes. São muitos os casos francamente anedóticos[20]. Ultimamente insinuou-se no Direito brasileiro, passando a dominá-lo, uma perversa doença do processo: a de se criarem óbices que dificultem a interposição de recursos. Os tribunais, aí, deixam de ser julgadores, e passam a ser censores, examinando com lupa os recursos, à cata de deslizes formais.

Como os exageros do formalismo vêm em geral a dano da justiça, é necessário refletir constantemente sobre a função da forma, sua utilidade e seus limites; e imaginar os meios de, retendo suas vantagens, descartarmos as desvantagens.

Impõe-se, de início, uma atitude: não nos consideremos superiores aos romanos, encarando como ingênuas e supersticiosas as suas fórmulas. O primitivo Direito romano, ao contrário do que viria a ocorrer depois no Império, era muito mais um Direito costumeiro, em que os rituais faziam parte da experiência comum do povo. Recitar a fórmula exigida para um contrato, ou uma ação, deveria lhes parecer tão natural quanto, para uma criança, fazer uma aposta segundo os ritos. Portanto, aqui vai o óbvio: quanto menos formalista o sistema do Direito menores os perigos do formalismo.

---

20. Entre esses, há o caso daquele juiz de futebol, que mandava reverter o arremesso lateral do jogador maneta (*Folha de S.Paulo*, 22.8.2002). Em 2 de fevereiro de 1995, o STF manteve decisão que decretou a deserção de um recurso extraordinário, por falta de pagamento de R$ 0,12 (*RTJ* 164/743); mas, em 9 de junho de 1999, também em caso em que se exigia o pagamento de R$ 0,12, rejeitou a deserção do recurso extraordinário: "descabe cogitar de deserção quando, à época [setembro de 1991], a tabela de custas mostrava-se desatualizada a ponto de não haver moeda própria ao pagamento" (*RTJ* 172/973). Sobre sentenças com excesso ritual manifesto, leia-se Néstor Pedro Sagüés, *Recurso extraordinário*, 3ª ed., Buenos Aires, Astrea, 1992, 2º vol., pp. 281 ss.

4. Torna-se inevitável a comparação entre o sistema do Direito comum (por exemplo, o norte-americano) e o sistema da fonte legal (por exemplo, o brasileiro).

Benjamin Cardozo assim descreve a tarefa do juiz, no sistema do *common law*: "Em primeiro lugar, compara o caso presente com os precedentes judiciários, acumulados em sua memória e constantes dos livros. Não quero dizer, com isso, que os precedentes sejam as fontes últimas do direito, suprindo o único aparelhamento necessário ao arsenal legal, os únicos instrumentos, tomando de empréstimo a frase de Maitland, 'na forja legal'. Atrás dos precedentes estão as concepções judiciárias básicas, os postulados do raciocínio judicial, e ainda mais atrás os hábitos da vida, as instituições sociais que originaram essas concepções e que foram, por sua vez, modificadas por um processo de interação. Todavia, em um sistema tão altamente desenvolvido como o nosso, os precedentes judiciários de tal modo cobriram o terreno, que fixam o ponto de partida do lavor do juiz. Quase invariavelmente, seu primeiro passo consiste em examiná-los e compará-los. Se são claros e adaptáveis ao ponto em questão, pode não haver mister de mais coisa alguma. *Stare decisis* é, pelo menos, a norma operante diária do nosso direito. Terei algo a dizer, mais tarde, sobre a conveniência de se abandonar a norma jurídica, em condições excepcionais [...]. É quando as cores não se casam, quando as preferências do fichário falham, quando não há qualquer precedente decisivo, que começa a atividade séria do juiz. Ele deve, então, elaborar o direito para os atuais litigantes. Ao elaborar o direito para estes, estará elaborando-o, também, para outros."[21]

---

21. Benjamin Cardozo, *The Nature of the Judicial Process*, cit. cf. edição brasileira, *A natureza do processo e a evolução do Direito*, São Paulo, Editora Nacional de Direito, 1956, p. 7.

Já em sistema de *civil law* (sistema da fonte legal, de origem romana), como o nosso, a primeira característica que ressalta é a desconfiança no juiz, e soa heterodoxa a afirmação de que o juiz cria o Direito. Na tradição justinianea, permeada pela tradição napoleônica, o juiz é o braço mecânico da lei. Esse é um tema suficientemente discutido – na verdade uma *vexata questio* – que, no momento, deve ser contornado. Sistemas cuja fonte do Direito é a lei parecem mais autoritários do que sistemas consuetudinários, ou sistemas de *common law*. Entretanto, somente caso a caso se poderá dizer o que é mais democrático ou melhor para o povo[22].

Vico anotou: "Os fracos querem as leis. Os poderosos lhas recusam. [...] Os nobres querem preservar para a sua ordem misteriosa todas as leis, para que dependam de seu arbítrio (interpretativo) e, assim, possam ministrá-las com régia mão. Estas as três razões aduzidas pelo jurisconsulto Pompônio, quando conta que a plebe romana reivindica a lei das XII Tábuas, por lhe serem penosos *ius latens, incertum et manus regia* (o direito latente, sua incerteza e a régia mão). E aí está justamente o motivo de os padres mostrarem-se reticentes quanto a oferecê-las, alegando *mores patrios servandos, leges ferri non*

---

22. No Direito comum também se insinuou o formalismo, na medida em que a pesquisa dos precedentes se transformou numa teia de arabescos, como denunciou Roberto Lyra Filho: "o formalismo, denunciado no encaminhamento do direito americano, se não tem assento na hegemonia legislativa, dada a coexistência do *common law* e a presença de *rules of law* como elementos de uma visão mais ampla do direito, carrega, entretanto, a força paralisadora dos rituais de consulta aos 'precedentes'. Já no direito inglês, Gilbert e Sullivan os haviam transformado em material para sátira em operetas. Era a invocação do que fora anteriormente decidido como razão de decidir, trazendo a poeira dos arquivos, com fantasmas de critérios forjados noutras eras e situações, para fazer engasgar a jurisdição" (*A filosofia jurídica nos Estados Unidos da América*, Porto Alegre, Sergio Antonio Fabris, 1977, p. 47).

oportere (desde que sejam observados os costumes pátrios, não é necessário haver leis)"[23].

Também já se observou que "o povo grego, em determinado ponto da história (por volta do século VII a.C.) começou a exigir leis escritas para assegurar melhor justiça por parte dos juízes. Christopher Carey, em seu livro *Trials from Classical Athens* [Julgamentos da Atena clássica] defende essa posição, provavelmente a mais antiga, de que foi 'um desejo de colocar limites no exercício do poder por aqueles que detinham a autoridade'. O propósito seria o de remover o conteúdo das leis do controle de um grupo restrito de pessoas e colocá-lo em lugar aberto, acessível a todos. As palavras de Teseu nas *Suplicantes* de Eurípedes (produzidas por volta de 420 a.C.) têm sido utilizadas como apoio a essa posição: 'Quando as leis são escritas, o pobre e o rico têm justiça igual'"[24].

No mesmo sentido a anotação de W. K. C. Guthrie: "A codificação da lei veio a ser considerada proteção necessária para o povo. Não só Eurípedes (*Suppl.* 49ss) considerou-a garantia para direitos iguais e baluarte contra a tirania, mas também na prática a democracia restaurada no fim da guerra do Peloponeso proibiu expressamente ao magistrado fazer uso de leis não-escritas."[25]

Por outro lado, a aparente imprevisibilidade do *stare decisis*[26] – presente na fórmula com que Holmes sinte-

---

23. Giambattista Vico, *Principi de una scienza nuova dintorno alla comune natura delle nazione*, cit. cf. tradução de Antonio Lázaro de Almeida Prado, *Princípios de (uma) ciência nova*, São Paulo, Abril Cultural, 1974, p. 57.

24. Raquel de Souza, "O Direito grego antigo", in Antonio Carlos Wolkmer, *Fundamentos de história do Direito*, 2.ª ed., Belo Horizonte, Del Rey, 2001, pp. 70-1.

25. *The Sophists*, cit. cf. tradução de João Rezende Costa, *Os sofistas*, São Paulo, Paulus, 1995.

26. O aforismo do qual se extraiu a locução *stare decisis* – relativo à decisão conforme o precedente judicial – é este: *stare decisis et quieta non movere* (mais ou menos: mantenhamos o que já foi decidido antes e deixe-

tizou o realismo norte-americano (Direito é aquilo que os tribunais dizem que é)[27] – manifesta na verdade a confiança institucional nas decisões do judiciário. Esse o segredo da longevidade da Constituição estadunidense, que se ajustou como uma luva ao modelo consuetudinário do Direito inglês: os instrumentos de governo que criou foram os necessários e suficientes à preservação da estrutura social de poder, garantida por um judiciário fiel à tradição. Juntamente com o voto majoritário para o Congresso e a eleição indireta para a presidência da República, a regra do precedente judicial é um dos pilares do conservadorismo norte-americano.

5. A mais flagrante faceta do formalismo corresponde àquilo a que Ferrajoli se refere como "obtusidade legalista"[28]. Aqui, a letra da lei passa à frente do seu espírito. São muitos os exemplos fornecidos, a propósito, pelos autores antiformalistas. Já mencionei alguns deles: a nor-

---

mos as coisas como estão). Antes da súmula vinculante, alguns dos seus defensores propagandeavam a excelência do sistema do precedente. De fato, com a adoção da súmula vinculante houve no Direito brasileiro uma certa fusão entre o sistema do precedente e o sistema da fonte legal, mas isso apenas no tocante à atividade do STF. O hibridismo ressalta no fato de que o precedente do *common law* é casuístico: trata-se de uma aplicação do particular ao particular, por razões de identidade, semelhança ou analogia; mas, se no sistema do *civil law* a decisão do STF passa a ter força obrigatória de lei, é preciso determinar não apenas aquilo que, dentro dela, tem força de lei (excluindo-se, por exemplo, os *obiter dicta*), como também transformar o que foi decidido num enunciado geral e abstrato.

27. "As profecias daquilo que os tribunais farão de fato, e nada mais pretensioso, eis o que eu entendo pela palavra Direito", pensava Oliver W. Holmes ("The Path of the Law", in *Collected Legal Papers*, New York, Hartcourt, Brace & Co., 1920, p. 20, cf. Benjamin N. Cardozo, ob. cit., p. 142). Sobre a inteligência dessa frase, no contexto de uma discussão sobre o realismo, ver Sebastián Soler, *Las palabras de la ley*, México, Fondo de Cultura Económica, p. 97.

28. Luigi Ferrajoli, *Diritto e ragione: teoria del garantismo penale*, cit. cf. edição brasileira, *Direito e razão. Teoria do garantismo penal*, São Paulo, *Revista dos Tribunais*, 2002, p. 131.

ma que veda a entrada de veículos num parque inclui carrinhos de bebê?; a norma que veda a entrada de veículos motorizados num parque inclui cadeiras de rodas motorizadas?; a cláusula que institui entre os beligerantes uma trégua de x dias inclui as noites correspondentes a esses dias? Reportando-se a Manuel Atienza, Thomas da Rosa Bustamente cita o caso de uma viúva proibida de utilizar sêmen de seu marido, morto dezoito meses antes, porque, no dizer dos juízes, para a inseminação artificial seria legalmente necessária a autorização do falecido[29].

A crítica antiformalista, em tais casos, necessita adentrar questões políticas e ideológicas, como, notadamente, a que concerne à função dos juízes[30].

A rigidez do sistema brasileiro de *civil law* mostra-se no tratamento que dá à questão da eqüidade[31]. Diz o código de processo civil que "o juiz só decidirá por eqüidade nos casos previstos em lei".

O *Dicionário Compacto do Direito* define eqüidade como "critério de julgamento em que, no interesse da justiça, há liberdade para aplicar ou não a norma legal". Entretanto, ela pode ser vista não como substitutiva, mas como iluminadora da legalidade. Esse, parece, o sentido do acórdão do Superior Tribunal de Justiça, que a admite na hipótese do art. 5º da lei de introdução ao código

---

29. Thomas da Rosa de Bustamente, *Argumentação contra legem*, Rio de Janeiro-São Paulo-Recife, Renovar, 2005, pp. 22-4.

30. Veja-se, por exemplo, Mauro Cappelletti, *Juízes legisladores?*, Porto Alegre, Sergio Antonio Fabris, 1993, especialmente pp. 31 ss.; José Geraldo de Sousa Junior, *Para uma crítica da eficácia do Direito*, Porto Alegre, Sergio Antonio Fabris, 1984, especialmente pp. 23 ss.; Cláudio Souto, "Magistratura brasileira e ideologia formalista", *Revista da OAB*, n.º 52, Brasília, 1989.

31. A respeito da eqüidade, veja-se acima cap. I. Vejam-se também suas cinco diferentes funções, segundo Carlos Alberto Álvaro de Oliveira, *Do formalismo no processo civil*, 2.ª ed., São Paulo, Saraiva, 2003, pp. 208 ss.

civil[32]; nessa perspectiva, os fins sociais da lei e as exigências do bem comum são utilizados como critérios de interpretação.

Embora menos perceptível, há uma constrição formal mais grave – de cuja crítica, com mais razão, não se afastam elementos políticos – que se põe bem antes, a partir da formulação dos conceitos jurídicos. Essa constrição, ainda que se possa chocar com a realidade, é menos visível do que acontece com as presunções e ficções jurídicas.

Na verdade, os fatos deixam de ser fatos – tal como se apresentam à inteligência – na medida em que aceita-se como fato apenas o que foi definido, como tal, pela autoridade. Nesses casos a forma aprisiona o fato e apresenta-o à inteligência revestido da sua roupagem. De modo que fica impossível enxergá-lo a não ser com essa predeterminação, que passa a confundir-se com o fato em si mesmo. Desconstruir o fato significaria, em tal hipótese, desconstruir a visão da autoridade, que modelou a realidade segundo seus interesses. O antiformalista, porém, reclama a liberdade de apreciar os fatos segundo a latitude da sua inteligência, sem estar condicionado por antolhos ou lentes. Isto significa que não se contém, na função do legislador, o poder de mistificar a realidade[33].

Creio que, independentemente de qualquer outra consideração, pode-se fixar um princípio: o de que o objetivo da forma e das formalidades é viabilizar o conhe-

---

32. "A proibição de que o juiz decida por eqüidade, salvo quando autorizado por lei, significa que não haverá de substituir a aplicação do direito objetivo por seus critérios pessoais de justiça. Não há de ser entendida, entretanto, como vedando se busque alcançar a justiça no caso concreto, com atenção ao disposto no art. 5º da lei de introdução" (*RSTJ* 83/168).

33. Há exemplo disso na lei dos partidos políticos, a cujo respeito se observou: "Sabemos, porém, que o nome não dá ser às coisas. Mesmo a lei designa erroneamente, se designa em desacordo com o que deflui dela mesma e do ordenamento em seu conjunto" (Roberto Amaral e Sérgio Sérvulo da Cunha, *Manual das eleições,* 3ª ed., São Paulo, Saraiva, 2006, p. 676).

cimento da realidade, preservando os atos jurídicos em seus elementos essenciais e em seus efeitos; assim, a forma vem sempre em favor da verdade do ato jurídico, e não em seu detrimento[34]. De modo que o defeito formal pode ser suprido se, para prova da existência do ato e de seus elementos, assim como para sua eficácia, concorrem outras circunstâncias igualmente relevantes.

---

34. Em decisão *contra legem*, registrava o ministro Sálvio Figueiredo, do Superior Tribunal de Justiça: "[...] é injustificável o fetichismo de normas ultrapassadas em detrimento da verdade real, sobretudo quando em detrimento de legítimos interesses de menor. Deve-se ensejar a produção da prova sempre que ela se apresentar imprescindível à boa realização da justiça" (Recurso especial n.º 4.987-RJ, julgado em 4.6.1991, *RSTJ* 26/378). Em outro acórdão, ao admitir a correção de erro material da decisão, mesmo após o seu trânsito em julgado, assim se manifestou o mesmo ministro, como relator: "A mitigação do rigor formal em prol da finalidade é critério que se impõe por imperativo da missão constitucional desta Corte" (4.ª Turma do STJ, recurso especial n.º 50.510, julgado em 24.4.2001, *RSTJ* 152/367). Entendendo desnecessária a menção expressa, no acórdão, do dispositivo cuja violação se alega, pontuou o ministro Pádua Ribeiro, na mesma corte: "A notoriedade da divergência jurisprudencial suscitada permite mitigar algumas formalidades em nome da realização da justiça" (*RSTJ* 148/247); e o ministro Gilson Dipp: "As formas têm por objetivo gerar segurança e previsibilidade e só nesta medida devem ser preservadas" (*RSTJ* 136/459). Carlos Alberto Álvaro de Oliveira menciona a jurisprudência do mais alto tribunal suíço, que tem considerado excesso de formalismo, entre outras, as hipóteses de não-recebimento de recurso interposto por pessoa sem procuração escrita, de falta, no recurso, de cópia autenticada da decisão impugnada, de recebimento a destempo do recurso postado no último dia do prazo ("Efetividade e processo de conhecimento", *RP* 96/63-4).

V. Justiça e ordem

1. O termo "ordem" diz respeito, em primeiro lugar, a uma certa disposição das coisas no espaço[1].

Não obstante "cosmos", em grego, signifique ordem (por oposição a "caos"), a primeira reflexão filosófica a respeito das coisas não versou sobre sua relação com o espaço, mas sobre os elementos de que são feitas. Na cosmologia, o homem é sujeito, e as coisas são o objeto de sua reflexão.

Só muito tempo depois se acrescentou um novo capítulo à cosmologia: quando se começou a refletir, cientificamente, sobre as forças que afetam as coisas em seu movimento (como, por exemplo, a força de gravidade). Mas aqui também havia, de um lado, o homem como sujeito, e de outro as coisas como objeto.

Sempre que vemos uma coisa ela está no espaço, e em algum lugar do espaço. Mas, curiosamente, só passamos a refletir sobre o espaço quando começamos a pensar em nossa relação com ele.

Assim como temos cabeça e pés, o espaço tem um em cima e um embaixo; podemos andar para a frente e para

---

1. O prefixo "di"-"dis", de variada função, indica muitas vezes separação, contrariedade, negação. Segundo o *Dicionário Compacto do Direito*, dispor é "pôr no lugar, arrumar ou arranjar os elementos de um conjunto".

trás, para a esquerda e para a direita. Em cima fica o céu, embaixo a terra, e nela nos podemos movimentar para o norte, o sul, o leste e o oeste. Não podemos tocar o espaço, mas podemos enxergar a distância entre as coisas, medi-la e eventualmente percorrê-la.

A reflexão sobre o espaço, antes de adentrar a física, fez-se como um capítulo da psicologia; os filósofos ingleses estudaram a visão, e em seguida a percepção, como preliminar ao estudo do entendimento. Na filosofia moderna, o homem não aparece como um sujeito para quem o espaço se apresenta como objeto: o espaço, diz Kant, é condição do entendimento.

Em sua obra intitulada *A evolução criadora*, Bergson inclui um capítulo sobre "A ordem da Natureza e a forma da inteligência". Diz aí: "Os contornos que verificamos nos objetos assinalam simplesmente o que podemos atingir e modificar neles. As linhas que vemos traçadas através da matéria são as mesmas sobre as quais somos destinados a transitar. Contornos e trajetos revelaram-se paulatinamente enquanto se preparava a ação da consciência sobre a matéria, isto é, em suma, à medida que se constituía a inteligência."[2] E formula em seguida aquilo que, por tão expressivo, acabei incluindo, como uma definição de ordem, no meu *Dicionário Compacto do Direito*: "De um modo geral, a realidade é ordenada na exata medida em que satisfaz nosso pensamento. A ordem é, pois, certo acordo entre o sujeito e o objeto. É o espírito encontrando-se nas coisas."[3]

Daí se haver falado em "paralelismo psicofisiológico"[4]. Vem à baila, neste passo, a observação de Cornelius

---

2. Henri Bergson, *L'évolution créatrice*, cit. cf. edição brasileira, *A evolução criadora*, Rio de Janeiro, Zahar, 1979, pp. 167 ss.

3. *Id.*, p. 197.

4. Jean Piaget propõe-se interpretar esse paralelismo "no sentido dum isomorfismo mais geral entre a causalidade, cujo domínio de aplicação, de

Castoriadis: "Se o mundo fosse puro caos não haveria possibilidade alguma de pensamento."[5]. E também a de Nietzsche: "Organizamos para nós um mundo no qual podemos viver – admitindo corpos, linhas, superfícies, causas e efeitos, o movimento e o repouso, a forma e o conteúdo: sem esses artigos de fé, nenhum homem, hoje, suportaria viver!"[6]

Mexer na disposição das coisas, portanto, significa mexer na cabeça das pessoas, revolver as coisas significa revolver suas vidas.

2. Ao conjunto de todas as coisas dispostas no espaço deu-se no início um nome: *physis*, ou Natureza[7]. Mas, em seguida, passou-se a chamar de Natureza a ordem segundo a qual as coisas se dispõem e se movimentam.

A noção de Natureza abarca todas as coisas existentes, inclusive o homem como animal pensante, e a ordem segundo a qual ele percebe e pensa a própria Natureza. A lógica é a forma correspondente tanto à organização das coisas quanto ao processo do entendimento.

Aplica-se pois a inteligência, mediante principalmente as funções primárias de nomear, descrever e classificar, a descobrir a ordem da Natureza, segundo as categorias do entendimento. O êxito desse método revelou-se

---

fato, respeita exclusivamente a matéria, e a implicação em sentido lato, que está em relação *sui generis*, unindo as significações próprias aos estados de consciência" (*Problèmes généraux de la recherche interdisciplinaire et mécanismes communs*, cit. cf. edição portuguesa, *Problemas gerais da investigação interdisciplinar e mecanismos comuns*, Amadora, Bertrand, 1973, vol. VIII, p. 32).

5. Cornelius Castoriadis, "A pólis grega e a criação da democracia", in *Filosofia política*, n.º 3/51, 69, L&PM, inverno de 1986.

6. Cf. Pierre Hadot, *Le voile d'Isis. Essai sur l'histoire de l'idée de nature*, cit. cf. edição brasileira, *O véu de Isis*, São Paulo, Loyola, 2006, p. 307.

7. Sobre o sentido do termo *physis* veja-se Martin Heidegger, *Heraklit*, cit. cf. edição brasileira, *Heráclito*, Rio de Janeiro, Relume-Dumará, 1998, *passim*; e Pierre Hadot, ob. cit., *passim*.

com a famosa tábua de Mendeleiev, da qual diz Bachelard: "Que melhor prova se pode dar do caráter racional de uma ciência das substâncias que consegue prever, antes da descoberta efetiva, as propriedades de uma substância ainda desconhecida?" E conclui: "a tendência ordenadora e racionalizante conduziu a sucessos cada vez mais numerosos e cada vez mais profundos"[8].

O que o termo "ordem" designa, então, não é apenas uma certa disposição das coisas no espaço – como acima se disse – mas a disposição <u>natural</u> das coisas: aquilo que, insensivelmente, se veio a considerar a melhor, ou a única disposição possível das coisas. Por isso, no já referido *Dicionário Compacto do Direito*, apresentei esta definição de ordem: "A correta disposição dos elementos de um conjunto." Entre as coisas naturalmente dispostas, cada uma em seu lugar, existe adequação, ajustamento[9]; e como desordem – a falta de regularidade, de harmonia e de ajustamento, que impede o entendimento e a ação – aparece qualquer outro tipo de disposição[10].

Da Natureza como conjunto das coisas ordenadas (*natura naturata*), passou-se a pensá-la como a ordem segundo a qual se dispõem e movimentam as coisas (*natura naturans*)[11]. Ressalta nessa perspectiva seu aspecto nor-

---

8. Gaston Bachelard, *La philosophie du non*, cit. cf. edição brasileira, *A filosofia do não*, São Paulo, Abril Cultural, 1978, p. 34.

9. São bem conhecidas as idéias de Aristóteles sobre o "lugar natural" das coisas; diz aliás Bergson, na obra acima referida, que o estagirita, tratando da queda dos corpos, "ocupa-se exclusivamente dos conceitos de 'alto' e 'baixo', de 'lugar próprio' e 'lugar tomado', de 'movimento natural' e 'movimento forçado' (e cita principalmente: "*Física*, IV, 215a-2; V, 230b-12; VIII, 255a-2; e *De coelo*, IV, 1-5; II, 296b-27; IV, 308a-34").

10. São também interessantes as reflexões de Bergson sobre o que chamamos de "desordem" (ob. cit., pp. 195 ss.).

11. Aqui se cruzam as duas acepções do termo ordem: ordem como organização e ordem como determinação da vontade.

mativo: a ordem da Natureza é insubstituível por outra, e, por isso, necessitante.

Daí a afirmação de Buffon: "A Natureza é o sistema das leis estabelecidas pelo Criador para a existência das coisas e para a sucessão dos seres. [...]."[12]

3. No conjunto dos fatos experimentados pelo homem, no amplo cenário da ordem com suas leis naturais, a princípio não se distinguia o que era estritamente natural (*physis*) e o que era produto da ação humana.

Há fatos do homem tão próximos de sua condição natural – assim, por exemplo, as relações de parentesco, a divisão sexual do trabalho – que dificilmente seriam visualizados como decorrentes da instituição. Na ordem natural, tida como existente desde sempre, se incluía a ordem social, e se considerava a Natureza fonte dos costumes, das regras, dos deveres.

A "ordem social", tomada em sentido amplo, abrange a ordem política, a ordem econômica e a ordem social *stricto sensu*; nela se incluem as formas do fazer, do agir e do pensar, e principalmente os hábitos, as crenças, as categorias e estruturas lógicas que antecedem aquelas formas, ou seja, tudo que se compreende no conjunto da cultura. Ela decorre, originariamente, das relações internas do grupo – que se estabelecem no espaço social[13] – e das relações do grupo com o meio ambiente. Aos elementos materiais que a precedem se acrescentam elementos ideais: elementos ideais instauradores da

---

12. Cf. Georges Gusdorf, *Dieu, la nature, l'homme au siècle des lumières*, Paris, Payot, 1972, p. 309.

13. O conceito de espaço social foi primeiramente formulado por Pontes de Miranda; ver Francisco Cavalcanti Pontes de Miranda, *Introdução à sociologia geral*, Rio de Janeiro, Pimenta de Mello & C., 1926, pp. 25, 26, 98; *Sistema de ciência positiva do Direito*, 2ª ed., Rio de Janeiro, Borsoi, 1972, tomo I, pp. 149-56; tomo III, p. 321.

ordem, elementos ideais reprodutores da ordem, elementos ideais justificadores da ordem[14].

Na sociedade primitiva a autoridade é uma questão de fato, não de Direito. E, quando o Direito começa a se apresentar como uma questão, é na divindade – isto é, no seio nutriz da Natureza – que a autoridade passa a buscar fundamento[15].

A justiça, a princípio, é a ordem natural das coisas; justo é agir segundo essa ordem e sua lógica, injusto agir contra ela. Para que se criasse a noção de ordem social como algo separado da ordem natural – como um construto, e não como um dado –, um fato viria a exercer um papel relevante: a experiência com a transgressão.

Começa a ressaltar, aí, a diferença entre a sanção da lei natural e a sanção da lei positiva. Se o fogo queima, da constatação desse fato – que se enuncia no indicativo – induz-se regra no imperativo: "Não se expor ao fogo." A infração a essa regra produz dano, numa relação imediata de causalidade; a rigor, não cabe dizer que a lei natural "incide", como se fosse algo por cima do fato; melhor seria dizer que ela "replica", como uma víbora que, provocada, desdobra-se e pica o agressor.

Sendo a lei natural necessitante, a princípio era inconcebível a sua transgressão. Esta, entretanto, mostrou-se possível à medida que se passou a estudar as causas dos fenômenos naturais. Aristóteles já dissera *"vere scire, per*

---

14. É imperdível o livro de John R. Searle intitulado *The Construction of Social Reality* (New York, The Free Press, 1995).

15. Vejam-se a respeito desse tema as observações de Georges Balandier sobre religião e poder (*Anthropologie politique,* cit. cf. tradução de Octavio Mendes Cajado, *Antropologia política,* São Paulo, Difusão Européia do Livro, 1969, pp. 93 ss.); segundo esse autor, "em nenhuma sociedade o poder político é totalmente dessacralizado e, quando se trata das chamadas sociedades tradicionais, a relação com o sagrado impõe-se como uma espécie de evidência. Discreto ou aparente, o sagrado está sempre presente no interior do poder" (*id.*, p. 38).

causas scire" (conhecer verdadeiramente é conhecer pelas causas). Ora, conhecendo-se as condições de incidência de uma lei, seria possível evitar a incidência desde que se alterassem previamente as respectivas condições.

Isso, contudo, ainda não representava verdadeiramente uma transgressão, mas um reforço à autoridade da lei natural, como observou Francis Bacon em seu célebre aforismo: "à Natureza não se vence senão obedecendo-lhe"[16].

De fato, excetuado o que consideramos um milagre – uma intervenção superior e extraordinária –, na experiência humana inexiste conhecimento de fato disruptivo da ordem natural: se algo acontece é porque pode acontecer, e se algo pode acontecer é porque assim está previsto na ordem natural. Tudo aquilo que aparentemente contraria a regularidade da natureza se inscreve em outro patamar, distinto, da mesma regularidade; assim, por exemplo, uma erupção vulcânica, um eclipse, o nascimento de Dolly, uma rosa azul.

A verdadeira transgressão, porém, é disruptiva da ordem social; ela põe a nu, obscenamente, as diferenças entre a lei natural e a lei positiva; a primeira delas é a de que a lei positiva não replica: ela se aplica.

No início, não cabia à autoridade elaborar a lei: esta se encontrava no acervo indiferenciado das coisas naturais. Descobrir o que estava assim oculto, isto é, revelar a lei e impor seu cumprimento nos casos concretos, esse o papel da autoridade.

Entretanto, apesar do seu poder (fundado na força e na crença), a autoridade era desafiada; é possível que Prometeu – que nos aparece como libertador – talvez não passasse de um ladrãozinho; mas também é possível que todo ladrãozinho fosse um Prometeu.

---

16. "*Natura non nisi parendo vincitur*" (*Novum organum*).

Irado com a ousadia do transgressor, o dominante se esforça por restaurar a ordem social com o espetáculo da sanção: Prometeu é preso a um rochedo, seu fígado devorado. Tiradentes é esquartejado, partes de seu corpo penduradas nos postes, para os abutres. Toda transgressão, antes de ser desobediência a uma lei determinada, é desobediência à própria autoridade, crime de lesa-majestade.

Aos primórdios do Direito corresponde a concepção do ilícito como injúria à autoridade, ameaça à ordem vigente. Até aí, o Direito pouco se distinguira da moralidade. Sob tais concepções, a justiça corresponde à ordem, assim como à sua restauração quando rompida. Depois de Prometeu vem Antígona: cabe-lhe mostrar, também no sofrimento, que para além dessa existe outra justiça.

Já se encontravam, nas dobras da ordem vigente, os germes da mudança. No momento em que a lei passa a ser escrita ela se individualiza, desgarra-se do fundo indiferenciado em que se confundia com a existência da autoridade: a falta de cumprimento da lei é falta de cumprimento desta lei "x", e não ofensa ao legislador. Quando o enunciado da lei passa a incluir uma sanção específica e proporcionada (não a abjeção, a expulsão do paraíso), esta se torna adequada e, por isso, eficiente: busca repor a utilidade que se espera da norma, o bem jurídico a cuja existência ou realização ela corresponde.

As navegações, e com elas o comércio internacional, foram outro fator relevante para a percepção da ordem social e para sua concepção como um construto. Notou-se assim, no contato entre os vários povos, que eram várias as ordens sociais possíveis, praticamente uma para cada povo. Quando Montesquieu, no *Espírito das leis*, descreveu os costumes de várias nações, despontavam no horizonte a modernidade e uma de suas principais teses: a de que a ordem social é produto da ação humana. Pouco tempo faltava para o nascimento da sociologia.

4. A igualação da lei positiva à lei natural implicava a igualação da autoridade política à autoridade divina. Para garantir a obediência, melhor ainda que o temor era a convicção da origem divina do poder político[17]. Esses dois elementos, usados em profusão na Antiguidade, manifestavam-se na pompa do cerimonial, nas vestes da nobreza, nas crônicas da corte, na magnificência dos edifícios e monumentos, no dogma da divindade, infalibilidade e irresponsabilidade do monarca, na exaltação de seu perfil físico e moral[18]. O reinado de Luís XIV, nos albores da idade moderna, é o exemplo clássico de utilização proposital daqueles recursos[19]. Na alta Idade Média e início da Idade Moderna, principalmente no Sacro Império Romano, considerava-se a coroa uma espécie de vicariato, uma delegação do poder temporal dos papas, aos quais cabia não apenas sagrar os monarcas, mas sujeitá-los mediante normas que editavam (bulas, decretos).

Até aí não se apontavam ainda como ideológicos esses apelos da autoridade ao poder simbólico. Só mais tarde, no contexto das assim chamadas "filosofias da suspeita", é que se descobriria a função social da ideologia;

---

17. No debate moderno, dentro das igrejas cristãs, da afirmação de Jesus Cristo "dai a César o que é de César", a par de seu diálogo com Pilatos ("não terias poder algum sobre mim, se não te fosse dado do alto"), foi constantemente invocada pelo conservadorismo, juntamente com texto de Paulo: "Todo homem se submeta às autoridades constituídas, pois não há autoridade que não venha de Deus, e as que existem foram estabelecidas por Deus. De modo que aquele que se revolta contra a autoridade opõe-se à ordem estabelecida por Deus. E os que se opõem atrairão sobre si a condenação. Os que governam incutem medo quando se pratica o mal, não quando se faz o bem. Queres então ter medo da autoridade? Pratica o bem e dela receberás elogios, pois ela é instrumento de Deus para te conduzir ao bem. Se, porém, praticares o mal, teme, porque não é à toa que ela traz a espada: ela é instrumento de Deus para fazer justiça e punir quem pratica o mal" (Romanos 13, 1-4).

18. Ver Norbert Elias, *Die höfische Gesellschaft*, cit. cf. edição brasileira, *A sociedade de corte*, Rio de Janeiro, Jorge Zahar, 2001.

19. Ver Peter Burke, *A fabricação do rei – a construção da imagem pública de Luiz XIV*, Rio de Janeiro, Jorge Zahar, 1994.

ela passaria a ser reconhecida como um mecanismo de manipulação do pensamento, utilizado pelo dominante para ocultar a realidade, nesta incluído seu papel na construção da ordem social[20].

Devemos principalmente a Karl Marx a noção de ideologia como deformação provocada pelos interesses de classe. Uma das teses fundamentais do marxismo consiste em caracterizar o conhecimento, as instituições e a cultura como determinadas pela infra-estrutura material da sociedade; essa tese vem assim resumida no prefácio da *Contribuição à crítica da economia política*: "O modo de produção da vida material condiciona o processo da vida social, política e espiritual em geral. Não é a consciência dos homens que determina o seu ser; é o seu ser social que, inversamente, determina a sua consciência."[21]

O que Marx tinha em vista, como falseadora do conhecimento, era a ideologia da classe dominante, isto é, da burguesia. Nesse sentido podemos aceitar a noção de Lasswell e Kaplan: "A ideologia é o mito político que opera para preservar a estrutura social; a utopia, para su-

---

20. Mostra Alfredo Bosi: "Sabe-se que em 1556, quando já se difundia pela Europa cristã a legenda negra da colonização ibérica, decreta-se na Espanha a proibição oficial do uso das palavras conquista e conquistadores, que são substituídas por descobrimento e pobladores, isto é, colonos" (*Dialética da colonização*, São Paulo, Companhia das Letras, 1992, p. 12). Félix Guattari vai além, ao denunciar o que designa como "produção de subjetividade": "Sistemas de submissão – não sistemas de submissão visíveis e explícitos, como na etologia animal, ou como nas sociedades arcaicas ou pré-capitalistas, mas sistemas de submissão muito mais dissimulados. E eu nem diria que esses sistemas são 'interiorizados' ou 'internalizados', de acordo com a expressão que esteve muito em voga numa certa época, e que implica uma idéia de subjetividade como algo a ser preenchido. Ao contrário, o que há é simplesmente uma produção de subjetividade" (Félix Guattari e Suely Rolnik, *Micropolítica – cartografias do desejo*, 6.ª ed., Petrópolis, Vozes, 2000, p. 16).

21. Karl Marx, *Contribuição para a crítica da economia política*, Lisboa, Estampa, 1971.

plantá-la."²² Essa noção foi levada adiante por Marcuse – para quem a ideologia está no próprio processo de produção²³ – e Althusser; este a via como "prática material", de modo que as respectivas justificações encontram-se no nível das próprias relações de poder²⁴.

Internalizando a ordem vigente como expressão da justiça, as pessoas são incapazes de enxergar, na sua situação (mesmo sendo esta, dentro de uma sociedade opulenta, uma situação de penúria), um resultado da injustiça, e passam a considerá-la como natural, um produto do acaso ou da própria incapacidade.

5. Na sociedade tradicional, marcada pela falta de mobilidade social, a cada pessoa correspondia um lugar. As diferenças entre as pessoas não decorriam do mérito, mas de uma classificação segundo os seus títulos, assinalados desde o nascimento.

Suprimir os títulos de nobreza foi um dos primeiros gestos da Revolução. Em seu preâmbulo, a Constituição francesa de 1791 assim dispunha: "Não mais haverá nobreza, nem pariato, nem distinções hereditárias, nem distinções de ordens, nem regime feudal, nem justiça patrimonial, nem qualquer dos títulos, denominações e prer-

---

22. *Power and Society*, citados por Clyde Kluckhon e colaboradores, "Los valores y las orientaciones de valor en la teoría de la acción", in Talcott Parsons e Edward A. Shils, *Toward a General Theory of Action*, cit. cf. edição argentina, *Hacia una teoría general de la acción*, Buenos Aires, Kapelusz, 1961, p. 484.

23. H. Marcuse, *One-Dimensional Man – Studies in the Ideology of Advanced Industrial Society*, cit. cf. tradução de Giasone Rebuá, *A ideologia da sociedade industrial*, Rio de Janeiro, Zahar, 1973, p. 31.

24. "Assim é que Marx demonstrou que os elementos mais 'míticos do capitalismo' eram também os mais 'factuais' e que as unidades de sua gramática eram ao mesmo tempo os instrumentos de sua coerção: ou seja, o dinheiro e o capital, que 'reificam' as equivalências que estabelecemos entre objetos trocados." Cf. John Milbank, *Theology and Social Theory. Beyond Secular Reason*, cit. cf. tradução de Adail Sobral e Maria Stela Gonçalves, *Teologia e teoria social*, São Paulo, Loyola, 1995, pp. 186-7.

rogativas que daí derivavam, nem qualquer ordem de cavalaria, nem qualquer das corporações ou insígnias para as quais eram exigidas provas de nobreza ou que supunham distinções de nascimento, nem qualquer outra superioridade a não ser a dos funcionários públicos no exercício das suas funções." E o art. 1º. da declaração dos direitos do homem e do cidadão, que os representantes do povo francês difundiram em 26 de agosto de 1789, proclamava: "os homens nascem e são livres e iguais em direitos"[25].

Esse foi um progresso real alcançado pela sociedade burguesa: os bens deixaram de ser adjudicados segundo a posição prefixada pela ordem social a cada indivíduo, e pretendeu-se distribuí-los apenas segundo o mérito de cada um.

Na realidade, porém, as coisas não se passaram conforme previsto nas declarações de direitos. Se os homens eram iguais deveriam ser tratados igualmente, e com isso deveria desaparecer toda diferença na adjudicação de direitos e deveres. Entretanto, ainda que se tenham suprimido as diferenças correspondentes aos títulos, manteve-se o critério básico de pertinência ao *ethos* (o fato de haver nascido dentro do grupo); persistiu assim a discriminação entre nacionais e estrangeiros, com as correspondentes diferenças de cor, raça e religião. Também se manteve a discriminação correspondente a outras dife-

---

25. Apesar da rejeição do "Ancien Régime", também na República se mantiveram alguns elementos do poder simbólico, como assinala Piero Calamandrei, com aguda percepção, ao descrever algumas práticas judiciárias (Piero Calamandrei, *Eles, os juízes, vistos por um advogado*, São Paulo, Martins Fontes, 1995, *passim*). Embora aqui já não se cogite da divinização da autoridade, alguns governos exploram o imaginário popular, os componentes míticos e simbólicos do pensamento, a fim de assegurar seu poder; entre esses recursos simbólicos contam-se o hino e a bandeira (ver José Murilo de Carvalho, *A formação das almas – o imaginário da República no Brasil*, São Paulo, Companhia das Letras, 1990).

renças consideradas como "naturais", assim, por exemplo, a de gênero. Mas, na prática, se acabou fixando a fortuna como o critério básico na adjudicação de bens, direitos e deveres.

Desde a Revolução Francesa, foram inúmeras as tentativas de reorganização dessa ordem social fundada no dinheiro. Elas se conceberam como reformas da ordem política, ao longo de um eixo correspondente à maior ou menor intervenção do Estado sobre a ordem econômica e a ordem social *stricto sensu*; numa ponta desse eixo encontra-se o totalitarismo (o grau máximo de intervenção estatal), e, na outra, o libertarianismo (nominalmente, o menor grau de intervenção estatal, correspondente ao assim chamado Estado mínimo), ficando a meio caminho o liberalismo. Disso se ocupa a justiça política, tema de um dos próximos capítulos.

O objetivo da presente reflexão não é fazer a crítica da sociedade burguesa, mas estabelecer os vínculos entre ordem e justiça. E já reunimos suficientes elementos para perceber que os termos dessa relação devem ser invertidos, de modo que, ao invés de considerar a ordem como fundamento da justiça, se passe a considerar a justiça como critério da ordem social; de tal forma que a ordem social vigente deixe de ser reprodutora da injustiça, mas tenda à realização, guarda e manutenção da justiça.

Isto significa o seguinte: a) a justiça não é o puro e mecânico reflexo da ordem social; logo, os atos humanos não se justificam pela sua conformidade à ordem vigente, mas segundo um critério material de justiça; b) é injustificada uma ordem social fomentadora da injustiça.

Embora ninguém considere a ordem burguesa como a ordem ideal, são muitos os que a justificam, principalmente com base numa formulação que apresenta a fortuna (a propriedade) como resultado do mérito. É o que acontece, por exemplo, com Nozick, cujo pensamento pode ser assim resumido: "se pertenço a mim mesmo, pertencem-me as partes de mim mesmo, incluindo meus poderes e talentos; e se faço algum trabalho com esses poderes e talentos, sou legitimado aos resultados desse trabalho"[26].

Autores como Nozick tendem a sustentar a máxima "a cada um segundo sua capacidade", que poderia ser interpretada como expressão da idéia aristotélica segundo a qual a justiça consiste em dar a cada um o que é seu[27]. Percebe-se facilmente como é possível organizar uma ordem social com base nessa máxima, o que redundaria – ressalvada a hipótese de programas filantrópicos – na exclusão das crianças, dos idosos, dos deficientes, dos valetudinários e de todos aqueles que não consigam se inscrever no processo produtivo.

À máxima libertariana pode-se opor esta, de Marx, igualmente radical nos seus resultados práticos: "de cada um segundo sua capacidade, a cada um segundo sua necessidade"[28].

Entre a radicalidade dessas duas parêmias talvez se possa insinuar uma outra: "de cada um segundo sua capacidade, a cada um segundo sua capacidade e sua necessidade". A justificação dessa máxima implica uma denúncia do viés individualista de Nozick; na verdade, todo trabalho individual está imerso em sua fôrma social; se todo produto é um produto social, é justo que a sociedade receba o que lhe caiba nos resultados do esforço individual.

O mais acertado porém, quanto a esse aspecto, parece a observação de Michael Walzer, que aponta para a

---

26. Cf. Justin Weinberg, "Liberdade, autopropriedade, e a diáspora filosófica do libertarianismo", *Revista Trimestral de Direito Público*, 3/45.
27. Veja-se a discussão dessa tese no primeiro capítulo, intitulado "Justiça e Direito".
28. Karl Marx, *Crítica do programa de Gotha*.

existência de diferentes "esferas" da justiça. Assim, aceitamos que a medicina e outros bens correspondentes a uma vida decente sejam distribuídos segundo a necessidade; que a punição e as honras segundo o merecimento; a educação superior segundo o talento, e assim por diante[29].

6. Antes de encerrar estas linhas, é preciso falar sobre uma palavra que há pouco apareceu insistentemente: "justificação".

Justiça, ajustar, ajuizar, julgar, justificar, são algumas dentre as muitas palavras construídas a partir da raiz latina *jus* (ou *ius*). Ao traduzir *ius* como "direito", apossamo-nos da raiz correlata, presente em *rectum–i* (a linha reta, e, figurativamente, o justo, o bem, a virtude), e também em "correto".

Nosso primeiro contato com o termo "justificação" ocorreu na escola ou no trabalho, quando precisamos justificar uma falta ou uma ausência. Nesse sentido, justificar significa apresentar as razões de um ato incorreto; significa que, não obstante haja ocorrido a transgressão de um dever, isso aconteceu devido a um impedimento, e não por vontade própria.

Há uma inegável relação entre "justificação" e "justiça", embora o termo "justificação" não corresponda a uma operação material, como, por exemplo, "ajustar". Por outro lado, existe nele mais do que a simples aproximação entre dois termos (o sujeito e o predicado), como acontece em "ajuizar" ou em "juízo".

O termo "justificação" alude a uma operação intelectual e, na verdade, a dois tipos distintos de operação

---

29. Michael Walzer, *Spheres of Justice*, cit. cf. edição brasileira, *Esferas da justiça – uma defesa do pluralismo e da igualdade*, São Paulo, Martins Fontes, 2003; ver também Ronald Dworkin, *Uma questão de princípio*, São Paulo, Martins Fontes, 2000, p. 319.

intelectual, de sorte que, por seu intermédio, revelam-se dois campos distintos do pensamento. O primeiro é o campo da lógica: dizemos que um juízo é correto (e, por isso, está justificado) quando manifesta uma verdade. O outro é o campo da ética. É impossível fundar a ética em juízos que não sejam verdadeiros, mas ela não se ocupa de juízos verdadeiros.

Numa primeira abordagem, poderíamos dizer que justificar é apresentar as razões pelas quais uma ação é ou deve ser considerada certa, correta. Lembremo-nos porém de que os gregos referiam-se àquilo que é certo como *dikaios*, que traduzimos como "justo". Assim, dispensamo-nos do esforço de perquirir – como uma indagação nuclear da ética – o que é o certo, ou o que é correto, se, em lugar de "certo", "correto", dizemos "justo". Logo, sob todos os sentidos é preferível dizer: justificar é apresentar as razões pelas quais uma ação é ou deve ser considerada como justa.

O termo "justificação", portanto, nos introduz no campo da ética, a que – vemos agora – pertence a reflexão sobre a justiça. Esse campo, curiosamente, é demarcado pelos mesmos termos que utilizamos na lógica, embora sob uma outra luz; e isso ocorre, talvez, pelo fato de que os juízos morais sejam tão necessitantes quanto os juízos lógicos.

VI. Justiça e capilaridade

A percepção de que somos dispensadores de justiça não pertence ao senso comum (de modo geral, acreditamos que isso só acontece quando exercemos funções de chefia); sentimo-nos, assim, livres dessa preocupação.

Entretanto, vimos que, em nossas relações com os demais, estes merecem ao menos o reconhecimento. Em suas "reflexões sobre Little Rock", observa Hannah Arendt que, se fosse uma mãe negra, não exporia seu filho "a condições que dariam a impressão de querer forçar a sua entrada num grupo em que não era desejado. Psicologicamente, a situação de não ser desejado (uma situação embaraçosa tipicamente social) é mais difícil de suportar do que a franca perseguição (uma situação política embaraçosa)[...]"[1].

Normalmente, consideramos justo sermos obsequiosos com as pessoas bem situadas; mas sabemos que sua posição não as autoriza a destratar as de *status* inferior. É nítida porém, em sociedade, a diferença de tratamento atribuída a uns e outros, com base na sua aparência e nos seus sinais externos de riqueza ou desvalimento.

---

1. Hannah Arendt, *Responsability and Judgement*, cit. cf. edição brasileira, *Responsabilidade e julgamento*, São Paulo, Companhia das Letras, 2004, p. 261.

Há, disseminados, muitos hábitos discriminatórios que se ignoram, que costumam ser absorvidos como parte da normalidade, e que por isso dificilmente integrariam o suporte de incidência de uma norma jurídica, mas que se incluem numa cultura da injustiça. Quando alguém pergunta "você sabe com quem está falando?", isso ocorre não apenas pela sua arrogância, mas porque costuma receber, de parte dos outros, um tratamento privilegiado, que acaba considerando devido.

No fundo, é idêntica a perversão quando alguém recebe, no conformismo dos demais, o tributo dessa desigualdade, ou quando outro, que não goza da mesma licença, arrebata a vantagem correspondente, furando uma fila, avançando um sinal vermelho.

Quando deixamos de prestar justiça (quer dizer: respeito, consideração) por nos sentirmos superiores, e assim, saboreando o correspondente prazer, reforçamos o sentimento da nossa superioridade, supomos talvez que seremos sempre superiores. Quando, ao revés, somos discriminados como inferiores, talvez nos consolemos acreditando que as coisas são naturalmente assim, mas nos apegando ao desejo de, um dia, desfrutar da condição de superiores. Contudo, dificilmente há um superior sem alguém acima de si, e dificilmente há um inferior sem ninguém abaixo de si. As pessoas sublimam seu ódio ao internalizarem esse padrão de comportamento, convertem-no em ressentimento e assumem, no poleiro, a posição segundo a qual se determina a ordem das bicadas[2].

---

2. Na sociologia americana é conhecida essa categoria (*pecking order*). Esclarece Miguel Maillet, tradutor de Robert K. Merton, *Sociologia – teoria e estrutura*, São Paulo, Mestre Jou, 1970, p. 271: "imagem tirada dos costumes de certas aves: a mais forte, 'déspota', bica as outras, e estas bicam sucessivamente as mais fracas, em escala descendente".

Quando participamos de uma relação negocial – um contrato, por exemplo – costumamos buscar a maior vantagem possível; se nos perguntarem por que agimos assim, possivelmente responderemos que também o outro procura a maior vantagem possível (apostando, aparentemente, que o embate desses interesses produzirá o equilíbrio). Na verdade, ao realizar um negócio, buscamos não o equilíbrio dos interesses, mas, de fato, a maior vantagem possível. Por razões variadas, que não cabe analisar neste capítulo, dispensamo-nos de justificar esse comportamento; ele nos parece o mais adequado, mesmo porque corresponde à forma comum de sentir e de agir.

Em tais casos, não nos incomodamos (ao contrário, nos regozijamos) se a nossa vantagem foi muito além da esperada; e não costumamos nos perguntar se isso ocorreu porque fomos mais espertos, porque tivemos melhor assessoria, porque o outro vacilou ou estava em situação de inferioridade. Acreditamos como legítima toda vantagem, mesmo desmesurada, desde que não tenhamos infringido qualquer norma jurídica.

Ao contratar um empregado, por exemplo, costumamos propor o salário mais baixo possível. Se este for o salário mínimo proporemos o salário mínimo, sem indagar se o respectivo valor, em dinheiro, corresponde realmente ao mínimo de que o empregado necessita para sua sobrevivência. Nesses casos é como se nos demitíssemos da faculdade de julgar, pondo, em seu lugar, o juízo da autoridade. Mas devemos nos perguntar se esse tipo de comportamento representa uma alienação; de fato, nenhum homem pode entregar, a outrem, a determinação da sua ação justa.

Essa alienação é tanto mais grave porque, quando estamos inferiorizados, percebemos claramente o quanto as disposições legais não bastam à realização da justiça.

Por isso, talvez devêssemos formular uma regra que levasse ambas as partes de um contrato a agirem com justiça. Aliás, bem considerando, foi o que pretendeu Kant ao enunciar, e não só para as relações negociais, o seu imperativo categórico[3].

Inevitavelmente, desde que nos relacionamos com alguém, somos dispensadores de justiça ou de injustiça, e isso independe da presença da autoridade, ou da norma posta previamente pela autoridade. Na vida em sociedade, mesmo quando se trata de uma relação regida pelo Direito, vimos que não se suprime nosso espaço de decisão pessoal no tocante à justiça ou injustiça de nossas ações. Por isso, a condição prévia do nosso acordo pessoal com a justiça está posta na máxima: conhece-te a ti mesmo.

O objeto deste capítulo, entretanto, não é apenas esse. É, indo um um pouco além, estudar a justiça no vácuo da autoridade; isso acontece nos espaços onde não vige norma, ou onde inexiste qualquer intervenção da autoridade; e costuma se apresentar naquelas relações e naqueles espaços que chamo de capilares.

Dentre esses espaços, em muitos a autoridade não chega porque não quer chegar, embora tenha essa possibilidade. É o que ocorre, por exemplo, nos casos de injusticiabilidade, de que são exemplo as "questões políticas" e as "questões interna corporis"[4]. Se não é permitido bater às portas do judiciário no tocante a determinadas matérias, é porque se reservaram esses espaços à livre regulação dos respectivos atores.

---

3. O imperativo categórico é regra básica de moral formulada por Kant: "age unicamente segundo a máxima que possas, ao mesmo tempo, ver erigida como lei universal" (esse – cf. *Fundamentos da metafísica dos costumes*, seção II – é um dos cinco enunciados propostos por Kant para o imperativo categórico).

4. Sobre esse tema, ver Sérgio Sérvulo da Cunha, *O efeito vinculante e os poderes do juiz*, São Paulo, Saraiva, 1997, pp. 57, 176 ss., 188 ss., 191-3.

A concepção que associa a justiça à autoridade tende a considerar a justiça política como a única possível, e o Direito estatal como a única forma de Direito. Sob essa perspectiva, mesmo determinadas faixas de autonomia jurídica, como as que, em regime liberal, se permitem internamente a alguns grupos – assim a família, o condomínio, as associações, os partidos políticos, as igrejas –, costumam ser consideradas como esferas inscritas no absoluto da ordem estatal.

Se olhamos mais de perto essas esferas de relativa autonomia, verificamos que, nelas, a autoridade é como o sol no sistema planetário: os pais na família, o síndico no condomínio, o presidente nas associações e no partido, o pastor na igreja. Normalmente a justiça é associada à autoridade, isto é, à existência de alguém cujo poder lhe permite ajustar as relações entre as pessoas.

Contudo, independentemente disso, há espaços em que não penetra qualquer tipo de autoridade, de modo que as relações de poder passam a ser auto-reguladas.

É bem verdade que, havendo divergência entre as pessoas a ponto de se criar um litígio, suas relações não se ajustam sem a interferência de um terceiro. Entretanto, esse terceiro não precisa ser, necessariamente, uma autoridade: pode ser, simplesmente, alguém respeitado, razão pela qual se aceita sua intervenção e a solução que dá ao litígio. É o que acontece, por exemplo, quando os litigantes sujeitam-se voluntariamente à decisão de um árbitro.

Também são conhecidas algumas sociedades anárquicas, ou semi-anárquicas, em que as relações entre as pessoas se ajustam sem a interferência de qualquer autoridade.

Fatos como esses não são anômalos nem tão distantes. Acontecem também entre nós, quanto a alguns tipos de relação – microrrelações, ou relações capilares – em espaços onde não chega a autoridade, por inefetividade ou por falta de interesse.

Todos nós (ao menos, com certeza, os meninos, ou os que foram meninos) sabemos como se escolhem os jogadores para a disputa de uma pelada: postos frente a frente os dois melhores, eles tiram par ou ímpar, e a partir daí, a começar do vencedor, passam a escolher um a um e alternadamente, dentre os demais presentes, aqueles que irão integrar o seu time. Disso resulta que serão escolhidos para jogar os melhores jogadores, em ordem decrescente; também resulta que, entre os dois times assim formados, haverá o maior equilíbrio possível, o que dará maior prazer à disputa.

Obviamente, não existe qualquer lei determinando que isso se faça assim; também não existe qualquer autoridade impondo esse comportamento. Mas existe, em todos os participantes, a convicção de que essa é a forma mais justa para se organizar um bom jogo de futebol, e para todos participarem. Se há jogadores demais, podem ser formados mais de dois times, e o terceiro aguarda para entrar em lugar do vencido, no segundo tempo. Ou, se sobraram alguns jogadores, poderão substituir os que saírem ao meio do jogo. Dessa forma, aceita-se a participação mesmo dos que não tenham sido escolhidos desde o começo (os pernas-de-pau), e todos consideram isso como justo.

Isso acontece na rua, no quintal e na escola, não só com o jogo de futebol, mas com qualquer tipo de diversão: são os participantes que fazem a regra do jogo e que o levam adiante, sem a interferência de qualquer autoridade; acontece não só com crianças, mas também com jovens e adultos, não obstante o melhor estudo a respeito – o livro sobre o julgamento moral na criança, de Piaget – trate da atividade infantil[5].

A ocorrência desses fatos, e de outros assemelhados, leva-nos a suspeitar de que o assim chamado "estado de natureza" nem sempre corresponde à guerra de todos contra todos, como queria Hobbes. Ou seja: na ausência da autoridade é possível que o grupo busque um ajustamento espontâneo, em benefício de todos, com base em regras informais criadas por si mesmo.

No exemplo acima, e em situações próximas, há um certo embrião de autoridade no papel exercido pelos líderes; estes são geralmente os mais velhos, ou os mais respeitados pelas suas qualidades; mas ninguém possui poder decisório, a não ser, por exemplo, o dono do campo ou o dono da bola. Cria-se aí, porém, uma situação tão desconfortável que deixa de ser duradoura: no cotejo custo-benefício, o prazer corrompe-se com essa interferência indevida, e os garotos passarão a se reunir em outro lugar. Rejeita-se com isso, como contrária aos interesses do grupo, qualquer relação de força ou dominância.

Essa é uma solução paradigmática para todos os casos em que: a) inexiste uma autoridade; b) o grupo tem um objetivo comum; c) os participantes estão em situação de igualdade; d) prevalece a liberdade de escolha. Esse é o modelo ideal para o estabelecimento da cooperação e, por conseqüência, do aprendizado da moral, a partir do reconhecimento do outro como portador de um valor.

O mais importante, nesse modelo, é o tipo de relação que se estabelece entre os participantes, primeiro entre todos indistintamente, depois entre os parceiros de cada time, e por último entre os jogadores de cada time

---

5. Jean Piaget, *Le jugement moral chez l'enfant*, cit. cf. edição brasileira, *O julgamento moral na criança*, São Paulo, Mestre Jou, 1977.

e seus adversários. Na praia, por exemplo, acontece muitas vezes que a presença de uma só pessoa com uma bola vai atraindo outras, interessadas em jogar. A relação, portanto, se estabelece entre desconhecidos, e cada um é reconhecido, primeiramente, como um interessado em participar da partida; isso já representa um benefício, pois sem jogadores não se faz o jogo; em seguida, passa a ser reconhecido pelas suas qualidades como jogador e líder, seja como parceiro, seja como adversário.

Esse modelo é bem diferente, por exemplo, do que desponta numa escola; aqui, inexiste um objetivo comum, ou um vínculo visível entre os vários alunos que, uns de costas para os outros, ou indiferentemente ao lado dos outros, olham para adiante, onde está o professor. A aula pode funcionar perfeitamente sem que se estabeleça qualquer comunicação entre os alunos, e, aliás, funcionará tanto melhor, do ponto de vista da autoridade, se nenhuma relação – sempre perturbadora – se estabelecer entre um e outro aluno.

Essas relações, porém, se estabelecerão inevitavelmente dentro da classe, nos corredores ou no intervalo, em razão da mera sociabilidade, e dependerão do que os alunos têm para trocar: uma figurinha, um sanduíche, a cola, um bom papo, a atração ou simpatia que está à base das amizades e das lideranças[6]. Por isso, a par da bagunça

---

6. "Quando Ben se cansou, Tom já tinha cedido a vez a Billy Fischer em troca de um papagaio de papel, em bom estado; e quando aquele deu o fora, Johnny Miller tomou-lhe o lugar, em troca de um rato morto e um barbante para balançá-lo de um lado para o outro – e assim por diante, hora após hora. Lá pelo meio da tarde, de um pobre rapazinho deserdado pela manhã, Tom estava agora podre de rico. Tinha, além das coisas já mencionadas, doze bolinhas de gude, parte de um berimbau, um caco de vidro azul de garrafa para espiar por ele, uma chave que não abriria coisa alguma, um pedaço de giz, uma rolha de vidro de filtro, um soldadinho de chumbo, um casal de rãs, seis bichas-de-rabiar, um gatinho com um olho só, uma maçaneta de porta de latão, uma coleira – sem cachorro –, o cabo de uma faca, quatro pedaços de casca de laranja e um velho caixilho de janela" (Mark Twain, *As aventuras de Tom Sawyer*).

tão usual, basicamente só existem dois padrões de funcionamento em sala de aula: o padrão autoritário, em que se estabelecem relações diretas entre professor/alunos; e o padrão democrático, em que se estabelecem formas comuns de cooperação.

Em tal ambiente, à parte os desentendimentos que ocorrem entre professor/aluno, é inevitável que haja desentendimentos entre os próprios alunos. Embora as regras informais dessas relações não sejam tão visíveis quanto no jogo de bola, há sempre uma tendência ao abuso, por parte dos mais fortes, e uma tendência de queixar-se à autoridade, pelo lado dos mais fracos. Quanto a estes, é difícil obterem proteção a partir da identidade de situação, da mutualidade dos interesses ou da capacidade de negociação. De modo que é antipedagógico o respectivo modelo, característico principalmente de internatos e quartéis; em vez de estimular a cooperação, o que se acentua, aí, são o despotismo, a submissão, a delação, o infantilismo.

Dado o desvalimento dos mais fracos, não é de admirar que recorram à autoridade, e que se tenha considerado a moral como invenção sua. Sem dúvida, tanto a moral quanto o Direito servem à proteção dos mais fracos, mas servem igualmente aos interesses do grupo. Em todo grupo existem fortes e fracos, mas essas são posições relativas e eventualmente intercambiáveis; como inexiste dominação que não esteja ou não se sinta ameaçada, também para esta pode ser útil que haja um ordenamento, ainda mais quando preservar sua hegemonia.

Não sendo a coabitação permanente, nos internatos e quartéis ainda pode haver algum espaço de escolha e liberdade. Isso, porém, jamais acontece numa prisão.

Em toda prisão existe um regulamento, imposto oficialmente pela autoridade. Mas, por baixo dele, o que determina a relação entre os presos é o conjunto das regras informais, estabelecidas por eles próprios; também aí ocorreu um ajustamento espontâneo, demarcado por essas regras. Contudo, diferentemente do que acontece em outros grupos, a impossibilidade de buscar outra forma de ajustamento torna inevitável a influência dos mais fortes; nasce a lei do cão[7], característica dos universos concentracionários[8].

Sobre essas formas primárias de ajustamento há muita literatura descritiva, mas poucos estudos sistemáticos, tal como o de Piaget. Percebe-se entretanto, nesses episódios filogenéticos, o embrião das formas de ajustamento prevalecentes na sociedade política, e até que ponto os regimes – mais ou menos autoritários, mais ou menos excludentes – se erigem a partir dos espaços originários de liberdade existentes no círculo social.

Percebe-se também uma diferença fundamental entre situações que inclinam as pessoas a um tratamento justo e situações tendencialmente injustas. Se, no mesmo grupo, existem pessoas com níveis diversos de liberdade – por exemplo, se umas são mais fortes do que as outras – há uma tendência de abuso. Se todas gozam da mesma liberdade, seu comportamento inclina-se para a igualdade. Logo, independentemente de serem em si mesmas injustas, ou resultado da injustiça, as situações de desigualdade e falta de liberdade são tendencialmente injustas, isto é, fomentadoras de injustiça. Liberdade e

---

7. Dráuzio Varela, autor de *Carandiru*, que costuma refletir sobre o ambiente nas prisões, escreveu em artigo de jornal: "Enganam-se os que imaginam o mundo dos marginais desprovido de regras de convívio [...]. Existe um código penal que rege o crime, não escrito, mas rígido, implacável [...]. Infringi-lo implica em punição aplicada com extremo rigor: agressão física, condenação ao ostracismo ou à morte, segundo a gravidade da infração" (*Folha de S.Paulo*, 31.3.2007).

8. Ver *O senhor das moscas*, fábula hobbesiana escrita pelo prêmio Nobel de literatura William Golding.

igualdade caminham juntas, e sua existência, que é a condição da justiça, passa a ser também a sua síntese.

Quando se trata do círculo social mais amplo – normalmente designado como sociedade, ou sociedade política – há evidentemente um acréscimo de complexidade. Mesmo nos grupos simples – meros agrupamentos eventuais, espontâneos – observa-se a constante ameaça da entropia, representada pela influência corruptora dos mais fortes, do que emerge uma demanda por autoridade. Entretanto, a par dos exemplos de sociedades anárquicas ou semi-anárquicas, são conhecidos os casos de sociedades em que a autoridade nasce a partir do próprio círculo social, e não como imposição do mais forte.

Existe a capilaridade porque, nos respectivos espaços, são outros os critérios de ajustamento, ou porque os instrumentos de que dispõe o Direito estatal são grandes, toscos ou desajeitados demais para que possam aí penetrar. Isso não significa que a autoridade não possa ou não deva penetrar em alguns desses espaços, ao menos para moderar a influência do mais forte ou para coibir os abusos. O Estado faz de conta que isso não lhe diz respeito, mas conhece, sem dúvida, a lei do cão, e em alguns casos seus agentes chegam mesmo a explorá-la, expondo reclusos indesejáveis a situações de risco, como ao colocar estupradores em celas coletivas.

A omissão da autoridade se verifica em vários setores da sociedade – especialmente em atividades de natureza econômica – em que a ausência de controle permite a muitas relações decorrerem à margem da lei, a dano do mais fraco.

Faz parte da justiça política examinar os casos em que a autoridade, podendo estar presente, se ausenta; cabe-lhe fazer passar, pelo crivo da razão, a extensão da competência da autoridade, e quais os espaços de liberdade em que não pode intervir.

VII. Justiça e economia

1. Tenho ouvido, de alguns, a locução "justiça econômica", e cheguei a pensar se não seria, ela, a denominação adequada para este capítulo.

Rejeitei-a porém, dada a distância que existe entre justiça e economia. Não quero dar a entender, ao utilizar tal denominação, que mediante algum mecanismo próprio a economia assegura a realização da justiça. Ou que a justiça, na economia, equivale às formas do equilíbrio que esta impõe. Se assim fizesse, estaria afrontando os sentimentos individuais de injustiça; e teria adotado, em vez de uma concepção institucional, uma concepção naturalista da justiça.

2. Economia diz respeito a produção (no que se incluem a coleta e a especificação), acumulação e distribuição de bens necessários à vida humana.

Quem produz esses bens são os homens, mediante o trabalho, e quem os distribui ainda são os homens, também com seu trabalho.

Quando se fala em trabalho não se alude apenas ao dispêndio individual de energia, mas ao complexo de ações implicadas no processo produtivo; algo que, na sua história e no seu conjunto, se mostra como esforço social.

Sem dúvida é possível que alguém produza individualmente para consumo de si mesmo, e isso acontece com freqüência. Mas ações econômicas, em geral, são ações de relação, correspondentes a uma cadeia de atos que se entrelaçam, na produção de bens e serviços que representam, por sua vez, matéria para a produção de outros bens e serviços.

Na distribuição se compreendem a doação e principalmente o comércio: a troca, a compra e venda, o empréstimo, toda a variedade de contratos, típicos e atípicos, concebidos a partir dessas formas básicas. A compra e venda implica a existência de moeda, que é um bem de valor simbólico, passível de acumulação.

Tudo isso pressupõe um certo poder das pessoas tendo como objeto as coisas; quem consome uma coisa se apropria dela e impede que outros o façam; os atos de produzir, negociar, distribuir e consumir implicam uma espécie de autorização, por parte do grupo. À base da economia, portanto, está algum tipo de direito sobre a coisa.

Se, além das atividades já referidas, acrescentarmos alguns serviços afins – como por exemplo a propaganda, o transporte, o financiamento –, teremos desenhado o âmbito da economia, sejam as ações pouco volumosas e complexas (microeconomia), ou muito volumosas e complexas (macroeconomia).

3. Tendo assim descrito o âmbito da economia, vejamos agora algumas de suas características.

O processo econômico depende estritamente de duas condições: os recursos materiais disponíveis e o modo como são utilizados. Os recursos originariamente disponíveis, em determinado meio ambiente, compreendem os bens nele existentes e as ações que ele comporta. O modo como são utilizados esses recursos diz respeito não só aos instrumentos e conhecimentos aplicáveis no trabalho, mas também às formas sociais do trabalho.

Os velhos compêndios de "economia política", em que estudei quando jovem, costumavam indicar três fatores da produção: a terra, o capital e o trabalho; mas não falavam sobre estas condições da produção: o meio ambiente, a tecnologia, a cultura; nota-se porém quão diversa é a economia em regime feudal e em regime não feudal; em regime escravagista e em regime não escravagista[1]. A economia se desenrola, portanto, segundo a natureza e a cultura; ela faz parte da cultura; não vem antes da cultura nem a determina.

O meio ambiente pode oferecer recursos abundantes. É sedutora portanto, mas inadequada, a definição da economia como administração de bens escassos; parece elaborada segundo uma perspectiva de domínio dos mercados (o que não é escasso pode se transformar, por interesse, em algo escasso).

Mais do que a escassez, na economia ressalta a necessidade, relativa ao estritamente indispensável à sobrevivência. Esse, entretanto, não é um conceito facilmente apreensível, mesmo que lhe queiramos aplicar uma me-

---

1. Leio, por exemplo, estas frases: "Por gerações, historiadores discutiram se a Guerra Civil deveu-se principalmente à questão da escravidão, ou se foi uma disputa entre dois sistemas econômicos concorrentes. [...] por décadas, toda iniciativa de desenvolvimento era derrotada pelo interesse escravista, já que acelerar o desenvolvimento do Oeste, ou mesmo investir em sistemas de canais ou ferrovias, inevitavelmente aumentaria a população dos estados livres. Para os republicanos, e para Abraham Lincoln, o obstrucionismo sulista era um exemplo de conspiração para esmagar a liberdade em toda parte, não apenas para os escravos. [...] De modo implícito, compreendia-se que, como disse um historiador, 'duas civilizações profundamente diferentes e antagônicas. [...] estavam competindo pelo controle do sistema político'" (Charles R. Morris, *The Tycoons*, cit. cf. tradução de Edmundo Barreiros, *Os magnatas*, Porto Alegre, L&PM, 2006, pp. 21-2).

dida física. O que é estritamente necessário à sobrevivência varia segundo as épocas, os lugares e os povos; e varia, também, segundo a qualidade de vida. Quanto a isso, mais do que medir o necessário, importa assinalar sua importância subjetiva, isto é, o que sentimos como necessário; sob esse ponto de vista as necessidades são elásticas e, ao cabo, se confundem com o desejo.

Outra característica da economia é aquela que, pelas suas notas de cooperação e competição, a faz aproximar-se de um jogo. A coincidência de interesses entre os figurantes do mercado vai até o ponto em que exista um mercado: a existência de vendedores depende da existência de compradores e vice-versa. A partir daí, o interesse do vendedor é vender pelo maior preço possível, e o do comprador comprar pelo menor preço possível; considera-se como regra do mercado aquela que, pela presença de muitos vendedores, impõe a redução desse preço, assim como impõe sua alta pela presença de muitos compradores. Nota-se uma diferença substancial entre essa "regra" e a regra de um jogo: esta foi criada livremente pelos figurantes tendo em vista seu interesse comum, enquanto a "regra" do mercado é imposta naturalmente aos figurantes, independentemente de sua vontade.

4. Há duas maneiras de considerar a locução "justiça econômica". Primeiro, tendo em vista as relações econômicas puras e simples, sem qualquer interferência da autoridade; segundo, considerando essas relações num contexto em que há interferência da autoridade.

Para quem identifica a justiça com uma pretensa ordem natural, a justiça econômica corresponderia ao exercício das atividades próprias do seu âmbito sem a utilização de qualquer instrumento regulador, seja decorrente dos próprios agentes econômicos, seja decorrente da autoridade. Vê-se facilmente, porém, que tal modelo não conseguiria subsistir.

Assim construída, a ordem econômica se assemelharia aos espaços capilares onde prevalece a vontade do mais forte. Logo, deduz-se a inviabilidade de relações econômicas permanentes, dentro do grupo, sem a presença da autoridade, ainda que tenha sido, esta, arrebatada pelo mais forte. Deduz-se também a inviabilidade de relações comerciais entre grupos distintos sem a existência de regras de equilíbrio: fora daí seria a guerra.

Concluindo: considerada a economia como processo puramente natural, espontâneo, a locução justiça econômica não se sustenta; seus termos são antagônicos.

A regulação é a lei natural da economia. Entretanto, nem toda regulação é expressão de justiça econômica. Sem dúvida, o processo econômico possui pontos de contato com um jogo, mas, quanto à liberdade dos atores, a analogia entre ambos não é completa. Enquanto os jogadores podem se retirar livremente da disputa, ou reeditá-la sob outras condições, em outro lugar, isso não está ao alcance dos agentes econômicos. É possível mudar de posição dentro do espaço da economia, mas retirar-se dele equivale à morte.

Nota-se, portanto, que o cenário econômico apresenta uma certa semelhança com o cenário prisional, de que os atores não conseguem se subtrair livremente. E, assim como não podemos dizer que a lei do cão é a expressão da justiça no universo prisional, não podemos dizer que basta, à justiça econômica, a existência de algum tipo qualquer de regulação.

5. Na economia interna são três, principalmente, os tipos de relação em que se insinua mais facilmente o injusto: a) nas relações negociais (entre fornecedores e pro-

dutores, produtores e comerciantes, comerciantes e consumidores), tendo em vista o preço das mercadorias; b) nas relações de trabalho (entre patrões e empregados), tendo em vista principalmente o salário; c) nas relações de competição entre produtores ou comerciantes, tendo em vista o controle acionário das empresas ou o controle dos mercados.

Vejamos cada um desses três tipos, a começar do último (relações competitivas entre parceiros ou entre concorrentes).

Os mais insistentes reclamos de uma regulação, feitos pelos agentes econômicos à autoridade, decorreram das guerras pelo controle das empresas e dos mercados.

Quando a tecnologia começou a dominar a atividade econômica, e o exercício desta passou a exigir grandes capitais, com a criação de sociedades anônimas abertas (companhias com ações negociáveis em público), a luta pelo controle das empresas ensejou lances memoráveis, registrados principalmente na história econômica norte-americana.

São conhecidas as guerras acionárias, que nos Estados Unidos envolveram personagens transformadas em folclóricas, como Vanderbilt, Gould, Fisck, Carnegie, Rockefeller. Deste se conta: "Se um alvo fosse particularmente teimoso e resistisse a todas as ofertas razoáveis, então uma mudança ocorria, e Rockefeller repentinamente desencadearia uma guerra total e violenta em todas as frentes – preços, suprimentos, acesso ao transporte, autorizações para o uso da terra, qualquer coisa que infligisse dor."[2] Quanto a Gould, assinala-se: "Inúmeras foram as injúrias que caíram sobre as cabeças dos Barões Ladrões. Mas nenhum deles tinha uma reputação pior

---

2. *Id.*, p. 33.

que a de Jay Gould. Para Henry Adams, Gould era 'uma aranha [...] [que] tece teias enormes, nos cantos e no escuro'. Daniel Drew, figura conhecida em Wall Street, disse que Gould tinha 'o toque da morte'. [...] Ele foi o primeiro mestre do 'bear raid', atacando as ações de suas próprias empresas e obtendo lucros com a destruição dos outros acionistas, sempre zombando dos padrões fiduciários inconsistentes da época."[3]

Ainda não se sabia direito o que era permitido, o que era proibido, o que era lícito, o que era ilícito, mas os prejudicados por manobras que, do dia para a noite, faziam papéis se transformarem em fortunas, e fortunas se transformarem em fumaça, sentiam a necessidade de uma regulação, que veio na forma de várias leis, inclusive o Sherman Antitrust Act (1890).

Hoje se considera absolutamente necessário que haja, por exemplo, leis das sociedades anônimas, comissões de valores mobiliários, órgãos estatais reguladores da concorrência; e que se defina como crime contra a economia, por exemplo, a utilização de informação privilegiada em proveito próprio (*inside trading*).

6. Vejamos agora a questão do preço das mercadorias, que preocupava grandemente os economistas clássicos.

A injustiça nos contratos parece estar, principalmente, em que uma parte entregue à outra menos ou mais do que lhe é devido, isto é, pague um preço inferior ou superior ao valor da coisa. Contra essa hipótese alinham-se porém dois argumentos.

Primeiro argumento: é injusto nos apoderarmos do que não nos pertence, mas não parece injusto que alguém nos entregue, livremente, aquilo que lhe pertence.

---

3. *Id.*, p. 34.

Essa é uma premissa da assim chamada ordem econômica liberal: ela imagina o espaço econômico como um cenário em que todos os atores (agentes econômicos e consumidores) se movimentam livremente, sem qualquer tipo de constrição; de modo que, na determinação do preço das coisas, agiriam sem serem premidos pela necessidade ou pelo desejo.

Essa premissa, entretanto, abstrai aspectos relevantes da realidade. Levada ao extremo, considerar-se-ia justo cobrar por um copo d'água, a quem arde no deserto, toda a sua fortuna; e não se julgaria injusta a prática de cobrar proteção a um comerciante.

Segundo argumento: é muito difícil, se não impossível, estabelecer o preço justo ou verdadeiro, correspondente ao real valor das coisas.

À primeira vista, o preço justo corresponderia à utilidade da coisa; ou então à soma de tudo que se dispendeu em produzi-la (o seu custo), considerados a matéria-prima, o trabalho e os demais insumos. Ainda que esse cálculo fosse perfeitamente possível (e os custos são variáveis), percebe-se que o valor das coisas independe do seu custo, podendo ficar abaixo ou acima dele.

O valor de um produto depende da sua qualidade, assim como seu custo depende da capacidade do produtor; de modo que é perfeitamente possível haver produtos ruins com custo elevado, e produtos melhores a custo menor. Além disso, o valor de um bom produto não corresponde, pura e simplesmente, à soma do que se gastou na sua fabricação: costuma haver, nele, um valor agregado, correspondente à criação de uma coisa nova, à especificação de algo útil, que não existia e passou a existir.

A mais forte contestação à miragem do preço justo decorre do que se convencionou designar como "lei da oferta e da procura". Se muitas pessoas querem vender e poucas querem comprar determinada mercadoria (se há mais oferta do que procura), seu preço naturalmente diminui; mas se há pouco dessa mercadoria, e as pessoas estão sequiosas para comprá-la, seu preço subirá[4].

Ou seja: a compra e venda das coisas corresponde a uma espécie de leilão, e seu preço se determina segundo o que as pessoas estão dispostas a pagar. Disso decorre que, ao vender sua mercadoria, o negociante busca a maior vantagem possível. O adquirente não pode reclamar, pois pagou o que estava disposto a pagar, e não pode ser acusado de injusto com relação a quem, mesmo achando-se em situação de maior necessidade, foi alijado desse processo, porque não tinha como, ou não se dispôs a pagar o mesmo preço.

Quanto ao preço e à qualidade das mercadorias, na defesa dos seus interesses os consumidores às vezes tentam se organizar, buscando coletivamente os preços mais baratos, preferindo determinados fornecedores, ou mesmo organizando boicotes. Esses movimentos raramente conseguem a duração e a efetividade necessárias para exercerem uma influência significativa; assim, o que acaba predominando, da parte dos consumidores, é o recurso à autoridade.

Em regime liberal, a autoridade não costuma utilizar o controle de preços, que entende contraproducente. Racionamentos, tabelamentos, só se admitem em conjunturas de extrema crise, e por pouco tempo. O remédio normalmente recomendado consiste em estímulos à concorrência, mediante o crédito, a abertura dos mercados,

---

4. Marx sustenta que a oferta e procura só regula as oscilações temporárias dos preços no mercado; segundo ele, o valor real da mercadoria se verifica quando a oferta e a procura se nivelam, paralisando-se mutuamente (*Salário, preço e lucro*, in K. Marx/F. Engels, *Obras escolhidas*, Rio de Janeiro, Vitória, s/d, vol. I, pp. 347-8).

o incentivo à tecnologia, e, por outro lado, na repressão a práticas anticoncorrenciais, como o *dumping*, o cartel, o oligopólio, o monopólio.

7. Segundo tipo: relações entre empregadores e empregados.

Mais do que no contrato de compra e venda, ressalta nessa relação a necessidade de uma das partes (o empregado). As partes precisam uma da outra, mas o que geralmente se observa é o excesso de mão-de-obra, em razão do qual o empregador facilmente pode achar outra pessoa para exercer as mesmas funções, enquanto é mais difícil, para o empregado, achar outro emprego.

O empregado, geralmente, precisa do emprego para sobreviver, e sua força de trabalho se apresenta como uma mercadoria, cujo preço se determina segundo a lei da oferta e da procura.

Há países em que, devido a inúmeras razões, acumulam-se nas cidades grandes massas de desempregados, que representam uma farta reserva de mão-de-obra desqualificada; sua expectativa, para sobreviver, é disputar o resto das tarefas servis, ou simplesmente recolher as sobras da vida urbana.

Um dos fatores mais fortes contra a escravidão, é sabido, consistiu em que o custo e manutenção de um escravo se tornou mais gravoso do que o pagamento de salário. Também são conhecidos os registros, principalmente no início da idade industrial, quanto à utilização do trabalho infantil e feminino, e à sua parca remuneração. Atualmente a autoridade busca intervir aí, estabelecendo um salário mínimo e uma jornada máxima. Contudo, nas conjunturas em que há grande oferta de mão-de-obra, dificilmente se consegue observar a disposição legal, tendendo-se para a informalidade ou para a fraude. Ainda assim há quem sustente, em nome da competitividade e da modernidade, que o salário mínimo – e mesmo a relação de emprego – deve ser suprimido em benefício da concorrência, principalmente internacional.

8. No fecho deste capítulo, quero criticar a lei da oferta e da procura. Percebo que, agora, o leitor saltou no seu assento e riu da minha ignorância, lembrando-se do vereador que propôs a revogação dessa lei. É como se, no tempo de Ptolomeu, eu estivesse afirmando que a terra gira ao redor do sol.

Não, não estou propondo a revogação da lei da oferta e da procura. Talvez não consiga sequer apresentar alternativas para o seu controle, como se costuma fazer com relação a tantas outras leis que, não obstante naturais, são indesejáveis por seus efeitos.

Entretanto, por mais convincente que seja essa lei, não consegue afastar, de si mesma, uma certa aura de obscenidade. Seria porque a posse do dinheiro, hoje, deixou de aparentar qualquer relação com o mérito? Seria devido à desvinculação e desproporção entre o trabalho e o ganho das pessoas? Seria pela sensação de injustiça decorrente de que alguns têm muito mais do que necessitam, enquanto, a seu lado, outros não ganham o mínimo necessário à sobrevivência?

Na verdade não critico a lei, mas o emprego que, em geral, se faz dela. Há duas maneiras de fazer essa crítica: por dentro da economia e por fora da economia, isto é, no terreno da ética.

Os consumidores (compradores finais dos produtos postos no mercado) têm interesse em que os preços sejam os menores; convém-lhes, por isso, que haja o maior número possível de produtores. Num mercado em que concorra grande número de produtores, o produtor tem interesse em oferecer o produto mais barato – ainda que em detrimento de sua qualidade – ou um produto que, por ser de melhor qualidade (ou devido a outros fatores, como a força da propaganda, o prestígio da marca), admita ser vendido mais caro. Mas, supondo-se que, sendo equivalentes os produtos, será comprado o mais barato, isso resultará na redução do número de produtores, o que contraria o interesse dos compradores e provoca o aumento do preço. De modo que as regras do mercado, por si mesmas, não bastam para assegurar os melhores preços possíveis ao maior número possível de compradores, sendo necessárias regras que nos aproximem de um número ótimo de concorrentes[5].

Isto significa que, seja pelo lado da qualidade, seja pelo lado do preço dos produtos, há necessidade de limites para a competição[6].

No processo regido pela lei da oferta e da procura, contudo, há um equilíbrio abstrato que tranquiliza as consciências dos agentes econômicos. Ela funcionaria à semelhança da lei de seleção natural, gratificando os mais capazes e abandonando os demais à sua sorte, independentemente de que não tenham tido oportunidades, sejam menos qualificados ou sejam preguiçosos.

Logo, se houver uma justiça econômica, ou uma ética na economia, ela consistirá, para alguns, exatamente

---

5. É bem conhecido em economia o conceito correspondente ao "ótimo de Pareto", "a situação em que a soma de todas as empresas em determinado setor da economia produz, em um dado momento, a quantidade correspondente às necessidades e preferências da soma de todos os consumidores" (cf. Daniel Goldberg, *Poder de compra e política antitruste*, São Paulo, Singular, 2006, p. 29).

6. "Por que a competição é um valor social? Porque ela, através da angústia e da pressão, obriga o homem a produzir o máximo e é responsável pela inovação, invenção e redução dos custos" (Rubens Ricupero e Norman Gall, "Globalismo e localismo", in *Braudel Papers*, n.º 17, 1997). Acrescentam esses autores que tanto a competição quanto a segurança representam interesses legítimos, mas que para ambas "há limites".

na obediência a essa lei natural e às respectivas formas de equilíbrio. Reza esse cânon que todo agente econômico deve buscar a realização da maior vantagem possível, e assim fazendo estará concorrendo para o bem geral, na medida em que a harmonização dos díspares interesses concorrentes se opera mediante a atuação de uma espécie de mão invisível, que preside aos mercados.

Opera-se desse modo uma inversão quanto ao que, normalmente, se entende como o comportamento moral: os agentes econômicos ficam liberados para buscar a maior vantagem possível para si mesmos, independentemente do prejuízo que venham a sofrer os demais. É impossível invocar, aí, a justificativa de quem ganhou na loteria, um contrato de risco em que sabidamente a maioria contribuirá em favor de um só (aquele que tenha tirado a sorte grande).

O maior inconveniente dessa crença, e da respectiva prática, está menos nas relações econômicas consideradas em si mesmas, mas principalmente no fato de que, a partir delas, esse padrão de comportamento se comunica aos demais âmbitos das relações sociais. Instala-se assim o hábito, em qualquer ambiente, de buscar a maior vantagem própria, ainda que em detrimento dos demais: o ganho, a vantagem pessoal, pavimentam o caminho do êxito, representam a meta das nossas aspirações em qualquer campo de atividade, independentemente dos seus demais resultados. Apagam-se as fronteiras entre o lícito e o ilícito; o parâmetro fundamental de comportamento passa a ser que tudo posso fazer, na medida em que posso fazer. Notam-se os pontos de contato entre a ausência de ética na política – transformada num jogo de interesses em que predomina o mais forte – e a ausência de ética na economia.

Vivemos assim numa ordem dúplice, subordinados a dois regimes distintos e antagônicos: um correspondente às nossas relações profissionais, presidido pela moral econômica, no qual nos despimos de qualquer escrúpulo quanto ao direito dos demais. O outro correspondente às nossas relações familiares, presididas normalmente pela comunhão de interesses, pelo respeito, pelo amor e pela solidariedade.

Sei que, para evidenciar os efeitos indesejados da lei da oferta e da procura, não se deve utilizar as situações de exceção: aquelas que deformam o mercado, como por exemplo a existência de cartéis, oligopólios ou monopólios. Para as opiniões dominantes, essas são situações patológicas, que cerceiam a liberdade; ao passo que o ideal, na vida econômica, seria um ponto ótimo, em que todos os atores pudessem movimentar-se livremente.

Entretanto, como já vimos, inexistiria qualquer tipo de ordem econômica caso os atores pudessem se movimentar livremente; para que se possam movimentar livremente, é necessário que os agentes econômicos tenham garantida, pela autoridade, a sua liberdade de movimentação. À mesma autoridade, que compete garantir a liberdade dos atores econômicos, compete impedir o abuso dessa liberdade, que leva a práticas anticompetitivas, à dominação dos mercados e à sujeição dos consumidores. Isso se consegue, à semelhança do que acontece com o salário mínimo, mediante regras que contenham os excessos e estabeleçam limites razoáveis à atuação dos agentes econômicos como um todo.

Que essas regras sejam postas pela autoridade, ou sejam postas pelos próprios agentes econômicos, depende em grande parte de sua independência e maturidade. A interferência da autoridade tende a diminuir na medida em que a atividade econômica se torne auto-regulada; isso depende de que os agentes deixem de operar no seu único e exclusivo interesse, percebendo que a ordem econômica ideal não se organiza espontaneamente, mas exige o reconhecimento e a participação de seus múltiplos atores.

Já percebemos, nos capítulos precedentes, que a moral nasce entre iguais, e que a interferência da autoridade faz-se necessária à medida que cresce a desigualdade. Permitir que a regulação da economia se faça apenas e principalmente pela autoridade significa entregar ao Direito, e não à moral, essa regulação. Sabemos porém que, apesar das aparências, e principalmente devido à internalização das suas regras, sob muitos aspectos a moral é mais eficiente do que o Direito. Assim, no seu interesse, tanto quanto no interesse da sociedade, compete aos agentes econômicos abandonar a ferrenha defesa que fazem do liberalismo econômico, e deixar de lado as políticas mediante as quais buscam pôr, a seu serviço, o aparelho estatal. O que significa instituir formas próprias de auto-regulação justa; isso inclui a elaboração de códigos de ética das empresas, assim como códigos de ética dos vários segmentos da economia.

VIII. Justiça política

1. As múltiplas faces da justiça parecem estar contempladas ao se definir assim o respectivo princípio: princípio segundo o qual, regente o bem de todos, as atribuições de direitos se fazem objetivando o maior bem individual possível.

No princípio de justiça desfaz-se a pretensa oposição entre os interesses particulares (ou individuais) e o interesse geral. A realidade não é a parte nem o todo, mesmo porque o todo nada é sem as partes, que, por sua vez, se definem como partes do todo. Decisão de justiça é a que traduz, concretamente, a fórmula dessa harmonia vital.

O princípio da justiça é pré-jurídico. Isto significa: a) que é uma exigência prévia ao ordenamento jurídico; b) que pode encontrar-se em processos sociais anteriores ao ordenamento jurídico, como a religião e a moral; c) que sua concretização não se pode esperar apenas do ordenamento jurídico.

A justiça, vimos, não se confunde com a ordem. Isso, entretanto, não afasta que ela se encontre dentre os elementos de moralidade integrantes da ordem social. Independentemente da respectiva normatividade, ou mesmo da consciência dessa normatividade, em todas as sociedades acham-se presentes regras de justiça no acesso aos bens da vida, seja nos círculos sociais restritos, seja nos círculos sociais mais amplos.

Também não pode ser vista, a justiça, como encargo, dever ou produto exclusivo de órgãos jurisdicionais. A participação nos bens da vida e no conjunto dos bens sociais não se dá apenas pela solução institucional dos conflitos, mas principalmente pelo exercício legítimo dos poderes e funções que compõem a estrutura material da sociedade.

Ao nascer, todo homem ocupa um *locus* que é seu, e que não retirou de ninguém; correspondem a esse *locus* não apenas seu nome e o espaço em que está, mas também os frutos da tradição. Como herdeiro, cada homem recebe o que lhe cabe, e a sociedade pratica um crime – denominado exclusão – se lhe nega aquilo a que tem direito: a plenitude da vida. Cercas, fronteiras, patentes e certidões não são invocáveis contra os direitos da vida; quem chegou antes chegou para semear, não para amealhar. O que determina a realização da justiça é a equitativa distribuição dos *quanta* de poder pelos inumeráveis atores sociais, e a regra básica da justiça política consiste em assegurar, a todos, acesso a esses poderes e funções.

Isso significa que o ordenamento jurídico – encarregado de garantir esse acesso – pode se sobrepor a uma ordem social em que há diminuta consciência e prática desse valor, ou pode revestir uma sociedade em que a moral social o consagra previamente.

Segundo Durkheim, "uma moral é sempre obra de um grupo, e somente pode funcionar se esse grupo a protege com sua autoridade". Por isso, "uma moral não se improvisa. É obra do próprio grupo que deve aplicá-la"[1].

---

1. Émile Durkheim, *Leçons de sociologie*, cit. cf. edição argentina, *Lecciones de sociologia*, Buenos Aires, La Pleyade, 1974, pp. 49 e 55.

Ela corresponde ao trabalho de gerações e se aperfeiçoa, pela tradição, no atrito e ajustamento cotidiano dos vários interesses socialmente concorrentes.

A sociedade moderna, porém, apresenta um grande obstáculo à construção da moralidade. Suas formas de vida são restritivas da convivencialidade (berço onde se formam, naturalmente, aquelas regras de ajustamento), e a aceleração do tempo corrói a tradição; abre-se aí um vácuo no processo de normatividade social, atirando, sobre os ombros do legislador, responsabilidades de regulação que originariamente não lhe competem e para as quais não está preparado.

2. Tem-se como "política", num primeiro sentido, um dos processos sociais de adaptação. Foi Pontes de Miranda quem classificou os sete principais processos sociais de adaptação (religião, moral, arte, ciência, direito, política e economia) alinhando-os num *continuum*, segundo uma graduação de estabilidade e *quantum* despótico[2]. Nesse sentido, a política corresponde ao livre jogo das forças que, na sociedade, disputam o poder.

---

2. Francisco Cavalcanti Pontes de Miranda, *Sistema de ciência positiva do Direito*, Rio de Janeiro, Jacintho Ribeiro dos Santos, 1922 (na edição de 1972, vol. I, pp. 201 ss., vol. II, pp. 40, 68, 246 ss., 259, vol. IV, p. 296); *Introdução à política científica*, Rio de Janeiro, Livraria Garnier, 1924, *passim* (na edição de 1983, Rio de Janeiro, Forense, ver principalmente pp. 133 ss.); *Introdução à sociologia geral*, Rio de Janeiro, Pimenta de Mello Editor, 1926, *passim* (na edição de 1980, Rio de Janeiro, Forense, ver principalmente pp. 73 ss.,138 ss.). Antes disso, havia uma indicação aproximada em Sylvio Romero: "Podemos afirmar, sem medo de errar, que sete, apenas sete, são as classes, as espécies diversas dos atos e fenômenos culturais que constituem a civilização humana, como ela se tem desenvolvido desde os mais remotos tempos da pré-história até os dias de hoje. E chamam-se elas: Ciência, Religião, Arte, Política, Moral, Direito, Indústria. Tais são as que se deve chamar as criações fundamentais e irredutíveis da humanidade e que constituem a série dos fenômenos sociais" (*Ensaio de filosofia do Direito*, Livraria Francisco Alves, 1908; cit. a partir de Sylvio Romero, *Obra filosófica*, Rio de Janeiro, José Olympio, 1969, p. 596).

Todo poder social é poder político, mescla de elemento material e elemento cultural. Mas, quando se fala especificamente em poder político, tem-se em vista a forma de poder que se tornou hegemônica; ou, dentre os poderes particulares (o poder patriarcal, o poder religioso, o poder ideológico, o poder militar, o poder comunicacional, o poder econômico), aquele que se tornou hegemônico, passando a exercer sobre a sociedade a soberania. Sob um ponto de vista mais evoluído, pode-se considerar o poder político – esvaziado de poder particular – como manifestação de poder associativo, a deliberada delegação de poder social, a pura expressão dos interesses gerais da sociedade.

É a partir da concepção do poder político como espontânea manifestação da vida social que alguns teóricos defendem sua autonomia. Ao Estado (nesse caso, um Estado mínimo) caberia apenas manter o quadro de liberdades básicas, a moldura dentro da qual se desenrola, livremente, o embate dessas forças sociais. Embora seja difícil, hoje, sustentar racionalmente essa posição, admitir a intervenção do Estado no livre jogo das forças sociais implica uma tese sobre os limites dessa intervenção. Ou seja, para que o livre jogo das forças sociais não nos faça retornar ao estado de natureza (a guerra de todos contra todos), qual a esfera de liberdade que deve ser permitida às forças políticas? Essa polêmica emerge, atualmente, nas vozes que se levantam contra a "juridicização" ou "judicialização" da política.

Sem haver esgotado esse tema, passamos a outro sentido do termo "política", em que há referência ao círculo social mais amplo (a sociedade política, detentora da soberania), o que envolve a existência da autoridade e a regulação, mediante instrumentos jurídicos, das liberdades individuais. Tenho afirmado, constantemente, que o Direito não se presta à reprodução das relações de poder vigentes na sociedade (isto é, à pura manutenção da ordem)[3].

Sob essa perspectiva, a Constituição é o documento jurídico básico, mediante o qual a sociedade estabelece, à liberdade individual, os limites que entende necessários à consecução dos seus fins.

3. Neste ponto é inevitável aludir ao pensamento de John Rawls (1921-2002), que foi professor na Universidade de Harvard. Tendo publicado em 1971 um livro chamado *Uma teoria da justiça*, consolidando idéias desenvolvidas em artigos divulgados nas décadas de (19)50 e (19)60[4], repensou-as a partir das críticas que lhes foram dirigidas, reapresentando-as tal como aparecem em *Liberalismo político*[5] e, finalmente, em *Justiça como eqüidade – uma reformulação*[6].

"A distribuição natural não é justa nem injusta – diz Rawls – nem é injusto que pessoas nasçam em alguma posição particular na sociedade. Esses são simplesmente fatos naturais. O que é justo ou injusto é o modo como as instituições lidam com esses fatos. As sociedades aristocráticas e de castas são injustas porque fazem dessas contingências a base de referência para o confinamento em classes sociais mais ou menos fechadas ou privilegia-

---

3. Ver cap. I.
4. John Rawls, *A Theory of Justice*, Cambridge, Harvard University Press, 1971; veja-se *Uma teoria da justiça*, traduções brasileiras de Vamireh Chacon, Brasília, Universidade de Brasília, 1981, e de Almiro Pisetta e Lenita M. R. Esteves, com revisão técnica de Gildo Rios, São Paulo, Martins Fontes, 1997.
5. John Rawls, *Political Liberalism*, New York, Columbia University Press, 1996. Há tradução brasileira de Dinah de Abreu Azevedo, com revisão de Álvaro de Vita, *Liberalismo político*, São Paulo, Ática, 2000.
6. John Rawls, *Justice as Fairness – a Restatement*, Cambridge, Harvard University Press, 2002. Tradução brasileira de Claudia Berliner, com revisão técnica de Álvaro de Vita, *Justiça como eqüidade – uma reformulação*, São Paulo, Martins Fontes, 2003.

das. A estrutura básica dessas sociedades incorpora a arbitrariedade encontrada na natureza. Mas não é necessário que o homem se resigne a essas contingências."[7]

Em vez de ser uma reflexão ao estilo clássico sobre o conceito de justiça, *Uma teoria da justiça* continha uma proposta – podemos dizer quase uma minuta – de organização da sociedade com base numa concepção da justiça como eqüidade (*justice as fairness*); o objetivo de Rawls era "descobrir uma base pública para uma concepção política de justiça"[8].

No prefácio a *Liberalismo político* – também uma coletânea e fusão de várias conferências e textos produzidos nas décadas de (19)70 e (19)80, uma espécie de continuação de *Uma teoria da justiça*, com a qual completava a proposta de instauração de uma sociedade pluralista e democrática baseada na justiça como eqüidade – Rawls acentuou a diferença entre esses dois livros, sendo propósito do segundo "compreender como é possível existir, ao longo do tempo, uma sociedade estável e justa de cidadãos livres e iguais profundamente divididos por doutrinas religiosas, filosóficas e morais razoáveis, embora incompatíveis". Sem excluir o pluralismo dessas diversas doutrinas, a justiça como eqüidade depende de um consenso político que se estabeleça por cima delas (*overlaping consensus*).

Na fórmula mais acabada de seu pensamento (*Justiça como eqüidade – uma reformulação*)[9], Rawls considera fundamental "a idéia da sociedade como um sistema equi-

---

7. *Uma teoria da justiça*, p. 109
8. *Justiça como eqüidade*, p. 114.
9. No prefácio a essa obra, Rawls diz que ela tem dois objetivos: "Um deles é retificar as falhas mais graves de *Uma teoria da justiça*, que obscureceram as principais idéias da justiça como eqüidade, que é como denomino a concepção de justiça apresentada naquele livro. Como ainda confio naquelas idéias e acho que as dificuldades mais importantes podem ser sanadas, resolvi elaborar

tativo de cooperação social que se perpetua de uma geração para outra"; a ela juntam-se outras duas: "a idéia de cidadãos (os que cooperam) como pessoas livres e iguais, e a idéia de uma sociedade bem-ordenada, ou seja, uma sociedade efetivamente regulada por uma concepção pública de justiça"[10]. A função dos princípios de justiça, diz ele, "é definir os termos equitativos de cooperação social"[11].

Para a justiça como eqüidade, "o objeto primário da justiça política é a estrutura básica da sociedade, ou seja, suas principais instituições políticas e sociais e como elas se harmonizam num sistema unificado de cooperação"[12]. Isso posto, buscando o que seja mais apropriado para determinar direitos e liberdades básicas, e para regular as desigualdades sociais e econômicas, Rawls enuncia dois "princípios de justiça": "**1.** cada pessoa tem o mesmo direito irrevogável a um esquema plenamente adequado de liberdades básicas iguais que seja compatível com o mesmo esquema de liberdades para todos; **2.** as desigualdades sociais e econômicas devem satisfazer duas condições: primeiro, devem estar vinculadas a cargos e posições acessíveis a todos em condições de igualdade equitativa de oportunidades; e, em segundo lugar, têm de beneficiar ao máximo os membros menos favorecidos da sociedade."[13]

---

esta reformulação. Tentei aprimorar a exposição, corrigir alguns erros, e incluir algumas revisões úteis, bem como indicar as respostas a algumas das objeções mais comuns. Também remodelei a argumentação em vários pontos. O outro objetivo é reunir, numa formulação única, a concepção de justiça apresentada em *Teoria* e as principais idéias de meus ensaios escritos a partir de 1974."

10. *Justiça como eqüidade*, p. 7.
11. *Id.*, p. 10
12. *Id.*, p. 56.
13. *Id.*, pp. 58-60. Compare-se com o enunciado desses mesmos princípios tal como propostos em *Uma teoria da justiça* (p. 64 da edição Martins Fontes) e em *O liberalismo político* (p. 344 da edição Ática).

4. Essas diretrizes se corporificam, em grande parte, no art. XXVIII da Declaração internacional dos direitos humanos: "Toda pessoa tem direito a uma ordem social e internacional em que os direitos e liberdades estabelecidos na presente Declaração possam ser plenamente realizados." Por outro lado, na ordem interna, elas se refletem na Constituição de muitos países.

Entretanto, mesmo que, na Constituição, se deixe de mencionar a instauração da justiça como um dos objetivos fundamentais da sociedade política, ela não deixa de o ser. Como princípio pré-jurídico, o princípio da justiça é um dos princípios fundantes do ordenamento jurídico[14].

Desde que, na Idade Moderna, as Constituições se firmaram como instrumento básico do ordenamento jurídico, fundamental para a organização do poder e da sociedade, duas tentativas principais se fizeram, no campo da ciência jurídica, para desqualificar a justiça como princípio da organização social. A primeira delas, já referida acima, a de Kelsen, ao sustentar que o Direito nada tem a ver com a justiça, sendo pura manifestação arbitrária do poder. A segunda consistiu em considerar as disposições finalísticas das Constituições como meramente "programáticas", isto é, contingentes e destituídas de eficácia.

Mas, se a lei magna – e isso acontece com a Constituição brasileira de 1988 – proclama como um dos objetivos fundamentais da República a instauração de uma ordem social justa, ocorre uma sensível mudança de paradigma. Sendo a justiça um valor positivado – agora expressamente – sua incidência já não pode ser afastada como se ela fosse mero arroubo subjetivo. Já não pode o juiz dizer – como fez o ministro Hahnemann Guimarães,

---

14. Sobre o conceito de princípio fundante, veja-se Sérgio Sérvulo da Cunha, *Princípios constitucionais*, São Paulo, Saraiva, 2006, pp. 35 e 45.

do Supremo Tribunal Federal – que está ali "para aplicar a lei e não para fazer justiça"[15].

Cai por terra a oposição entre lei e justiça, visto ser a realização da justiça uma das principais, se não a principal finalidade da lei. À ciência do Direito cabe prefaciar essa coincidência, e, ao juiz, realizá-la no caso concreto.

Esteja ele expresso no ordenamento, ou não, há uma distinção a fazer entre o princípio da justiça como parte da Constituição formal e o princípio da justiça como parte da constituição real[16]. Assim, há uma diferença básica na função dos poderes constituídos conforme se trate de uma sociedade civilmente organizada, em que se observam os direitos fundamentais, ou de uma sociedade dividida entre dominantes e dominados. Nesta, sendo grande a distância entre esses dois extratos da sociedade, dentre os deveres do governo inclui-se a construção da cidadania.

Seria errôneo imaginar que a instauração da justiça se garante desde que instalados e postos a funcionar os poderes constituídos. Essa é presunção infundada da ordem libertariana[17], que confunde a realidade com os propósitos manifestados (sincera ou falsamente) nas disposições do ordenamento.

Também seria errôneo pensar que, vigente o ordenamento, ao judiciário cabe o monopólio da realização da justiça, mediante a aplicação da lei no desate dos litígios.

É quantitativamente diminuto o papel do judiciário se as instituições estão atentas ao princípio da justiça. Um

---

15. Ver Lêda Boechat Rodrigues, *História do Supremo Tribunal Federal*, Rio de Janeiro, Civilização Brasileira, 2002, tomo IV, vol. I, p. 20.

16. Constituição formal é a Constituição correspondente ao texto promulgado como tal; constituição real é a constituição correspondente às relações de poder existentes na realidade.

17. Sobre o libertarianismo, veja-se o já citado artigo de Justin Weinberg, "Liberdade, autopropriedade, e a diáspora filosófica do libertarianismo", *Revista Trimestral de Direito Público*, 3/45.

judiciário sobrecarregado de litígios é sinal de que, nas suas relações cotidianas, as pessoas maximizam seus interesses, orientam-se principalmente pelas vantagens que possam colher, e deixam de observar os direitos alheios. Se é reduzida a atenção votada ao Direito, se ele é menos disseminado do que a licença e o abuso, aumenta a necessidade de se buscar um corretivo judicial. O exercício efetivo dos direitos fundamentais por parte de todos, portanto, vem antes da sua garantia jurisdicional, embora esta não possa faltar.

5. Depende do governo a existência de uma ordem social em que as pessoas não sejam privadas dos seus bens legítimos, ou da expectativa de obtê-los[18]. Mas a justiça, como vimos, é um valor de conteúdo variável, que se preenche aqui com reconhecimento e respeito, ali com eqüidade, adiante com legitimidade, liberdade, igualdade, verdade e solidariedade.

A mudança de paradigma consiste em retirar a ênfase da propriedade como fundamento da ordem e colocá-la nas pessoas, a serviço de cuja dignidade se encontra a propriedade. Numa ordem social presidida pela justiça, a dignidade da pessoa humana – explicitada no rol dos direitos fundamentais e sintetizada no direito à vida – passa a orientar a existência e atuação da autoridade. Isso envolve, por exemplo, a reconstrução do Direito sancionatório, com o realinhamento dos bens juridicamente protegidos. O sinal identificador do delito, na

---

18. Diz John Rawls: "O sentido mais específico que Aristóteles atribui à justiça, e do qual derivam as formulações mais conhecidas de justiça, é o de evitar a pleonexia, isto é, evitar que se tire alguma vantagem em benefício próprio tomando o que pertence a outrem" (*A Theory of Justice*, Cambridge, Harvard University Press, 1971; cf. a tradução brasileira de Almiro Pisetta e Lenita M. R. Esteves, *Uma teoria da justiça*, São Paulo, Martins Fontes, 1997, p. 11).

sociedade presidida pela justiça, consiste em sujeitar o interesse geral aos interesses particulares.

Mesmo que haja o sincero propósito de cumprir a lei magna, não basta essa proclamação para que as coisas se encaminhem em tal sentido; se elas são deixadas a si mesmas reina a injustiça, e por isso é preciso um esforço permanente, consciente e programado, para que se instaure uma ordem social justa, ou razoavelmente justa.

Para que a Constituição, em tal caso, se efetive, persiste entretanto uma série de problemas, teóricos e práticos. A instauração da justiça política, assim, torna-se em parte missão da ciência e da técnica constitucional.

O programa de instauração de uma ordem social justa, notadamente em países de grande desigualdade, faz parte do que denomino "projeção constitucional".

À concepção autoritária de Constituição é estranha a idéia de projeção: não há necessidade de efetivá-la, posto que sua função consistiria basicamente em legitimar o regime. As chamadas Constituições-disfarce ou Constituições-vitrine, o que fazem é mostrar distanciamento da realidade. O texto, aí, nem a descreve, nem a desafia. Constituição genuína, ao contrário, é a que se projeta sobre a realidade para nela colher seu reflexo, uma coincidência que, não sendo descritiva, mostra-se prospectiva.

A vida da Constituição é uma tensão entre a tendência de aplicá-la e a resistência posta em detê-la, entre o que a efetiva e o que lhe atrasa, prejudica ou contraria a projeção. Assim, faz parte da técnica constituinte não apenas estabelecer os fins que se pretende alcançar, e os meios adequados à sua consecução, mas também prevenir os problemas da projeção constitucional.

Chamo de "dialética constitucional" a parte da Constituição destinada a prevenir e superar os obstáculos normalmente postos à sua efetividade. Essa a tarefa que mais reclama a prudência do constituinte, no estabelecimento das etapas que, levando à superação das desconformidades entre a Constituição formal e a constituição real, conduzam finalmente, sem rupturas, à sua coincidência. Dentre os obstáculos que se opõem à efetividade constitucional – interesses particulares que se opõem aos interesses gerais – ressaltam o poder econômico e o poder ideológico. Quanto a isso, remeto o leitor aos já mencionados *Fundamentos de Direito constitucional*.

6. A partir dessas perspectivas, são muitos os temas – dentre os quais a teoria do Estado – a serem discutidos no que seria um verdadeiro tratado de justiça política. Aqui, no espaço deste breve capítulo, creio necessário, para encerrá-lo, tratar de um tema que me parece essencial.

Após o entusiasmo despertado com a instauração da democracia (refiro-me à consagração, na maioria dos países, da divisão dos poderes, do sufrágio universal e de um governo eletivo), assistimos hoje ao esgotamento de suas fórmulas e à incapacidade, que demonstram, de assegurar a instauração de uma ordem fundada na justiça.

Em todos os lugares, quer se trate de países desenvolvidos ou subdesenvolvidos, há um grande descrédito com relação às fórmulas da democracia representativa, dada sua permeabilidade aos interesses particulares, à corrupção e à ineficiência. Embora esse descrédito alcance principalmente a classe política e o monopólio que se assegurou da ação política, não encontramos soluções adequadas para sua substituição. Dentre algumas sugeridas, já provadas como inadequadas, mostram-se pelo lado dos interesses dominantes as assim chamadas agências reguladoras, e, de outro lado, os conselhos populares e as tentativas de participação de segmentos da sociedade civil no exercício do poder.

É importante registrar o quanto as deficiências da democracia decorrem de sua própria natureza. Anote-se por isso que a preocupação e o objetivo maior do regime democrático não é a eficiência (a divisão de poderes é notoriamente contra-eficiente, se comparada com a unidade de direção), mas a proteção contra a tirania. Temos aí, portanto, uma escolha trágica a fazer (expressa aliás em pesquisas de opinião em que muitos se manifestam a favor da ditadura).

Feito esse registro, é também importante assinalar os notáveis progressos dos costumes políticos, de que nos beneficiamos desde a constitucionalização e instauração da democracia liberal no Ocidente (o que ocorreu há pouco mais de duzentos anos). Os ganhos que conseguimos – a força normativa da Constituição, a divisão dos poderes, o reconhecimento da necessidade de independência do judiciário, a possibilidade de rotatividade no poder, a realização periódica de eleições – precisam agora ser ampliados.

Grande parte dos vícios da democracia decorre de que essa verdadeira revolução dos costumes políticos não se estendeu igualmente aos pilares da representação: as organizações que, não obstante chamadas "partidos políticos", na verdade são facções, dominadas por interesses individuais. Os vícios dessas facções – dependentes em grande parte da falta de mecanismos que assegurem a independência da atuação política – são reforçados a partir de uma incorreta concepção da representação.

7. A teoria corrente da representação política pode ser resumida nesta frase: "A assembléia deve ser a exata representação em miniatura do povo em geral. Ela deve

pensar, sentir, argumentar e agir como ele."[19] Ao ser transferida para a prática – principalmente no sistema de representação territorial – essa concepção acaba distorcida: montam-se as assembléias como se fossem mosaicos, cujos fragmentos transparecem na diversidade dos interesses distritais ou regionais.

Vimos acima (ver capítulo II, nota 7) que José Antônio Giusti Tavares critica agudamente essa configuração: "Se [...] a representação política fosse um processo pelo qual os diferentes interesses em que se decompõe a sociedade simplesmente se internalizassem e se aninhassem no parlamento, de modo que este reproduzisse no seu interior, como um microcosmo, mecânica e literalmente, em proporção ao peso específico de cada uma, as diferentes forças em conflito na sociedade, o resultado consistiria em reverter esta última ao estado de natureza e de beligerância do qual precisamente se pretende fazê-la emergir ao instituir a representação política."

É por isso que a Constituição brasileira, em seu art. 45, considera que a Câmara dos Deputados compõe-se de "representantes do povo", e não de representantes de seus eleitores. E, por isso, consignou-se acima que a teoria da representação faz-nos pensar no legislativo como imagem do povo: nele devem estar representadas todas as diversidades regionais e corporativas, supondo-se o aporte de conhecimento, trazido por cada uma delas, como necessário ao conhecimento da realidade nacional. A nação, porém, não é um mosaico de fragmentos, nem existe, no processo legislativo, a "mão invisível" que, do conflito entre esses interesses, faça nascer o interesse geral; em outras palavras: a razão pública resulta do confronto

---

19. Antonio Negri, *Il potere costituente – saggio sulle alternative del moderno*, cit. cf. tradução de Adriano Pilatti, *O poder constituinte: ensaio sobre as alternativas da modernidade*, Rio de Janeiro, DP&A, 2002, p. 216.

das razões particulares; por isso, o deputado não é um advogado de interesses regionais ou corporativos, e comete infração ética se ao votar põe esses interesses acima dos interesses nacionais[20].

Se os deputados agem como representantes de interesses corporativos, setoriais ou territoriais, os partidos – a que eles necessariamente precisam se filiar se quiserem ser eleitos – transformam-se em empresas.

Na teoria democrática, a existência de um partido político só se justifica na medida em que seja portador de uma proposta de governo: o programa do partido necessariamente contempla a universalidade dos interesses presentes na sociedade; de modo que todo partido se transforma em escola de política, uma usina onde as propostas universalizantes nascem do confronto de múltiplos interesses particulares; à luz dessa teoria não se poderia falar em partido ruralista ou partido dos trabalhadores, mas se pode perfeitamente falar, por exemplo, em partido democrático, partido liberal ou partido comunista.

Haverá sem dúvida mecanismos jurídicos para induzir a transformação de facções em partidos. Isso é essencial para que se construa a independência da classe política, tão importante quanto a independência jurisdicional.

Mas, para que os "partidos" tal como existentes – como cartórios, empresas ou facções – se transformem em verdadeiros partidos políticos, é necessário também que se democratizem.

---

20. Comentando um texto aristotélico (*A política*, 1330 a 20), diz Cornelius Castoriadis: "Isto novamente mostra uma concepção de política diametralmente oposta à mentalidade moderna de defesa e afirmação de 'interesses'. Os interesses têm, tanto quanto possível, que ser deixados de lado quando decisões políticas são tomadas" ("A pólis grega e a criação da democracia", in *Filosofia política*, L&PM, n° 3/51, 75).

Nenhuma pessoa jurídica sobrevive – todos sabemos – se não tiver fonte de renda. Entretanto, não nos costumamos perguntar sobre as fontes de renda honestas que permitam a sobrevivência de um partido político. À primeira vista, pensa-se nas contribuições dos próprios filiados e em expedientes como rifas. Mas é óbvio que receitas decentes como essas são insuficientes para pagar o aluguel da sede. Assim, os partidos políticos sobrevivem na medida em que se achem atrelados ao Estado. À sua sombra cria-se então uma fauna de agregados partidários, os profissionais da política, os quais – à medida que um novo governo assume o poder – precisam ter renegociadas as suas posições. Essas são as pessoas do curral partidário, que dentre outras tarefas engrossam sua claque e votam nas convenções partidárias seguindo as ordens do chefe do partido, porque dele dependem seus empregos.

O dinheiro decorrente de suas contribuições, porém, não basta para sustentar uma campanha eleitoral. O chefe sabe que é preciso manter seu caixa 2, e todos nós sabemos como se forma o caixa 2. Os partidos, assim, transformam-se numa escola de manipulação, de corrupção, de fraude e servilismo, que contamina a administração pública e o processo eleitoral. Portanto, não há democracia que sobreviva sem democracia intrapartidária, e o primeiro elemento para que haja democracia intrapartidária consiste em fontes de financiamento públicas e decentes.

Por outro lado, um sucinto exame do estatuto partidário revela se ele é democrático ou autoritário. Será autoritário se permitir, por exemplo, que o ocupante de funções partidárias executivas se apresente como candidato; se não impedir a curralização dos seus quadros (por exemplo, com normas estabelecendo para o novo filiado uma quarentena que o impeça de votar nas próximas convenções e de se candidatar nas próximas eleições); se não reconhecer direitos às minorias partidárias; se não contiver disposições normatizando a realização das convenções partidárias, principalmente quanto ao credenciamento de delegados e à forma do escrutínio.

IX. Justiça e discurso (pensamentos sobre a razão cínica)

1. À beira do regato, o lobo perguntou ao cordeiro como ousava sujar a água de que estava bebendo. Respondeu o cordeiro que, achando-se abaixo da correnteza, em hipótese alguma poderia sujar a água do lobo, que estava acima. Ao que o lobo o devorou.

Em algum momento, na relação diádica, os homens se põem a conversar. Isso ocorre mesmo que um seja mais forte do que o outro, como acontece com o lobo e o cordeiro. E isso os igualiza, de algum modo. Conversar é estarmos juntos no mesmo barco; compartilhar um instrumento que é tão meu quanto comum: a linguagem.

Tudo, no poderoso, o faz diferir do homem comum: os trajes, os gestos, a moradia, o meio de transporte. As coisas que usa e faz acentuam sua superioridade. Marqueses, duques e barões são de outra natureza que a gentinha, e, se tivessem uma linguagem exclusiva, aí, mais ainda, acreditariam ser de outra extração. O fato de que não tenham continuado a falar latim e precisem se comunicar no linguajar comum, dito vulgar, não deixa de constituir um rebaixamento. Por isso, ao conversar com o cordeiro, o lobo já demonstra uma certa irritação; porque, meu, quem faz a língua é o povo.

Quantas vezes vi o juiz perder a paciência e ameaçar a testemunha, por não entender o que ela dizia!

O discurso carrega, em si, a necessidade de justificação. Esse o laço em que se enredou o lobo, antes de comer o cordeiro; não esperava que este lhe respondesse de modo irretorquível; assim, recorreu primeiro ao cinismo: – se não foi você, agora, foi teu irmão, que a sujou antes; e, como o cordeiro retrucou que não tinha irmão, apelou para a força bruta.

O mais forte, se deseja prevalecer, deve refugar o diálogo com o mais fraco, pois a razão igualiza. Foi ingênuo o lobo – alguém diria – ao tentar justificar seu atentado; o cínico busca desvalorizar o poder da palavra, como fez Pilatos ao perguntar: – o que é a verdade?

Outra forma de desvalorizar a verdade consiste em relativizá-la. Alguém poderia dizer que existe uma verdade do lobo e uma verdade do cordeiro, e, com isso, desqualificar o conceito de verdade. Admitamos que lobo e cordeiro têm perspectivas distintas, mas é inevitável, quanto a ambos, que o riacho corre para baixo, e não para cima[1].

Outros podem discordar de que o lobo fosse ingênuo, e sugerir que assistindo a esse diálogo havia uma platéia, cuja concordância, a princípio, ele quis buscar.

Esse o contexto mais amplo em que se coloca a fábula: na sociedade humana – como se sabe – ninguém é suficientemente forte para prevalecer durante todo o tempo. Logo, não há poder durável que se estabeleça sem a conveniente justificativa. Se basta a força para coroar o rei dos animais, para que isso aconteça na sociedade humana faz-se necessário um acréscimo: a persuasão, o convencimento, a crença.

---

1. O *Dicionário Compacto do Direito* assim define verdade: "*1*. Enunciado que nos dá a conhecer um fato tal como efetivamente aconteceu ou costuma acontecer. *2*. Por sinédoque, o conteúdo desse enunciado. *3*. Aquilo que explica como ou por que um fato aconteceu ou costuma acontecer."

2. Por muitos motivos a linguagem é uma fonte de poder, uma ferramenta usada tanto para esclarecer quanto para enganar, uma arma, e um território por cujo domínio lutam os mais fortes, às vezes com êxito[2].

O primeiro motivo é o prestígio da palavra, que advém principalmente de seu poder mágico. A palavra, é sabido, não serve apenas para nomear os entes, mas para verdadeiramente criá-los.

Nos encantamentos mágicos dos antigos não só o nome, mas também toda palavra proferida tinha efeitos sobrenaturais; nada começaria a existir antes que a mente houvesse projetado sua idéia sobre o mundo exterior. Cassirer mostra que a percepção da realidade não foi captada pelo homem, primeiramente, em conceitos lógicos, mas em imagens míticas; a palavra se apresentava como "algo existente e significativo por direito próprio, como uma realidade objetiva", uma espécie de arquipotência onde radica todo o ser e todo acontecer[3].

---

2. Segundo Pocock, a criação e difusão de linguagens "é em grande medida uma questão de autoridade das elites intelectuais, a história de como os estudiosos profissionais se envolveram na administração dos assuntos de terceiros e os obrigaram a discursar nas linguagens que eles haviam desenvolvido" (J. A. G. Pocock, "O conceito de linguagem e o métier d'historien", in *Linguagens do ideário político*, coletânea de textos organizada por Sergio Miceli, São Paulo, Edusp, 2003, p. 63). São muitos os estudos sobre linguagem e violência simbólica; veja-se, exemplificativamente, Pierre Bourdieu, *Méditations pascaliennes*, na ed. brasileira *Meditações pascalianas*, Rio de Janeiro, Bertrand Brasil, 2001, pp. 199-233; Décio Pignatari, *Informação. Linguagem. Comunicação*, 5.ª ed., São Paulo, Perspectiva, s/d, p. 85; Cornelius Castoriadis, *O mundo fragmentado – as encruzilhadas do labirinto III*, São Paulo, Paz e Terra, 1992, p. 132; Jacques Maurais, "La norma linguistica", *Revista Paraguaya de Sociología*, n.º 65/117, jan.-abr. 1986; Tercio Sampaio Ferraz Jr., *Teoria da norma jurídica*, Rio de Janeiro, Forense, 1978, p. 175; Leonel Severo Rocha, *A problemática jurídica: uma introdução transdisciplinar*, Porto Alegre, Sergio Antonio Fabris, 1985, especialmente pp. 35-52: "A soberania do discurso".

3. Ernst Cassirer, *Sprache und Mythos – ein Beitrag zum Problem der Götternamen*, cit. cf. edição brasileira, *Linguagem e mito*, São Paulo, Perspectiva, 1972, pp. 55 e 64.

Michel Foucault descreve a relação de similitude existente na linguagem: "Na sua primeira forma, quando foi dada aos homens por Deus, a linguagem era um sinal das coisas absolutamente certo e transparente, pois que se lhes assemelhava. Os nomes eram colocados sobre o que eles designavam, assim como a força está escrita no corpo do leão, a realeza no olhar da águia [...]."[4]

Maior do que o prestígio da palavra, somente o prestígio da palavra escrita. Na Idade Média, os textos vinham cercados de iluminuras, e mesmo muitos anos depois, na República, quando se desejava manifestar a autenticidade de um documento, este vinha impresso em papel com imagens e brasões. Aparentemente sem importância, essas são coisas que impressionam as mentes. Para muitas pessoas, se saiu no jornal é verdade.

Vejo à minha frente, na velha foto, o general Costa e Silva assinando um documento que, segundo a legenda, lhe outorga poderes ditatoriais. Evidentemente, só pode assinar um documento assim quem já tivesse os aludidos poderes ditatoriais.

Foi muito comum, durante a ditadura militar, que generais assinassem documentos – atos institucionais e "Constituições" – em que outorgavam poderes a si próprios. Esses atos institucionais e "Constituições" juridicamente pouco valiam (mesmo porque seriam exorbitados pela própria ditadura), mas possuíam um grande poder de convencimento. Tanto assim que ministros do Supremo Tribunal Federal – as últimas pessoas que poderiam ser enganadas por tal artifício – os mencionavam para justificar suas decisões; e, até hoje, praticamente todos os livros jurídicos incluem, dentre as Constituições brasileiras, a "Constituição de 1969", da mesma forma como incluem a "Constituição de 1937".

---

4. Michel Foucault, *As palavras e as coisas*, Lisboa, Portugália, s/d, p. 58.

3. À parte o conhecimento do mundo e a invenção da inteligência, a função primária da linguagem é o esclarecimento. Habermas sublinha, por isso, que, no processo lingüístico de entendimento mútuo, com seus atos de fala os atores erguem "pretensões de verdade, pretensões de correção e pretensões de sinceridade"[5].

Ou seja, no processo de entendimento mútuo, a confiança é pressuposto da interlocução, e o uso da linguagem implica subordinação a uma série de regras, de natureza ética e técnica. Por exemplo, o princípio de não contradição, o princípio de conseqüência, as regras do silogismo. Temos o discurso, aí, como expressão de coerência e racionalidade[6]. São essas regras, por exemplo, que tornam condenáveis o plágio, a simulação, a falsidade, a falácia e o sofisma.

A verdade não está ao nosso alcance naturalmente, como uma flor cuja beleza nos assalta, à beira do caminho. De qualquer discurso que se pretende verdadeiro é inseparável o método e, acima de tudo, o uso da palavra como instrumento de medida, um certo acordo entre o pensamento e a natureza; melhor dizendo, aquilo que se denominou lógica[7].

4. Aqui entram em cena dois elementos que se conjugam: o prestígio das palavras e a força da imaginação.

---

5. Jürgen Habermas, *Moral Bewusstsein und kommunikatives Handels*, cit. cf. edição brasileira, *Consciência moral e agir comunicativo*, Rio de Janeiro, Tempo Brasileiro, 1989, p. 79. Sobre discurso, razão e verdade, veja-se Francis Wolf, "Nascimento da razão, origem da crise", in *A crise da razão*, Adauto Novaes (org.), São Paulo, Companhia das Letras, 2006, p. 67.

6. "A linguagem, vira-o Husserl, é o topos adequado do racional" (Lourival Vilanova, *As estruturas lógicas e o sistema do Direito positivo*, São Paulo, Max Limonad, 1997, p. 92).

7. "A linguagem é a casa do ser. Os seres humanos vivem na acomodação que ela oferece" (Heidegger, *Wegmarken: 311*; cf. Joanna Hodge, *Heidegger and Ethics*, cit. cf. edição portuguesa, *Heidegger e a ética*, Lisboa, Instituto Piaget, 1995, p. 133).

Há, nas palavras, um primitivo laço com as coisas, que nos faz acreditar nelas como imagem da realidade e, nesse sentido, como portadoras da verdade. É assim que as empregamos no dia-a-dia. Entretanto, elas são igualmente as asas da imaginação, que, no dia-a-dia, usamos para fugir dessa realidade.

Por isso, a aventura da inteligência desliza sobre dois trilhos: de um lado a filosofia, que, tomando as palavras como portadoras da verdade, pretende ser o discurso da razão; de outro lado a arte, que viajando nas asas da imaginação pretende ser o discurso da sensibilidade.

A filosofia procede por abstração; para ela, conhecer a realidade significa buscar a essência das coisas, deixando de lado tudo que seja contingente. O contingente – de um modo geral as qualidades das coisas (a cor, o cheiro, seu estado) – se alcança pela sensação, enquanto a essência se alcança pela razão, através do conceito.

Objetivo da técnica filosófica, portanto, seria elaborar os conceitos mais finos, que permitam despir as coisas de todo envoltório. Nessa tarefa, percebe-se quão inepta é a linguagem comum, na medida em que está penetrada de sensação, que leva ao erro[8]. Logo, o exercício correto da filosofia acaba sendo uma crítica da linguagem comum e a tentativa de elaboração de uma outra, tal como se vê, por exemplo, na assim chamada "filosofia analítica" e no "positivismo lógico". Essa linguagem despida de toda referência material, isto é, absolutamente simbólica, acaba se confundindo com a da matemática, naquilo que se designou como lógica matemática, ou logística.

---

8. "A filosofia é uma luta contra o enfeitiçamento de nosso entendimento pelos meios de nossa linguagem" (Wittgenstein, *Investigações filosóficas*; cf. Ernst Tugendhat, "Wittgenstein I: a impossibilidade de uma linguagem privada", *Novos Estudos – Cebrap* 32/47, mar. 1992).

Já se disse que, para criticar a filosofia, é preciso filosofar. Assim, toda crítica ao conceito acaba se pondo no seu campo e figurando como uma petição de princípio. Como também já se disse "*primum vivere, deinde philosophari*"[9], a filosofia e a arte (isto é, a razão e a sensibilidade) se apresentam, historicamente, como dois terrenos irredutíveis, embora, na segunda, não haja menos pretensão de conhecimento, de interpretação da natureza, do que na primeira.

5. Na arte, predominam as palavras não como portadoras da verdade, mas como expressões de beleza; admiramos, nelas, a sonoridade, a harmonia, o ritmo.

Também a poesia utiliza a linguagem; seu caminho, entretanto, parece inverso ao da filosofia; enquanto, para esta, a realidade não se encontra nos acidentes que a dissimulam, o que a poesia deseja é mergulhar, de cabeça, na riqueza da mais pura, quotidiana e vívida experiência humana, isto é, emoção e sensibilidade. Temos portanto, de um lado, a objetividade do universal; de outro, a singularidade do individual.

Mas na vida, ai de nós, verdade e beleza vêm sem carimbo e de cambulhada com vaidade, engano e sedução, dando mais trabalho, ao grilo falante, do que às vezes ele pode suportar.

Estava o corvo – pássaro desgracioso, cuja voz é um grasnido – no alto de uma árvore; trazia no bico um queijo, tão grande quanto pudesse ali caber. Passando pelo caminho, disse-lhe a raposa: – Mestre corvo, que sorte a minha contemplar uma ave tão majestosa. Se for a vossa voz tão bela quanto vossa plumagem, sereis sem dúvida a rainha das aves, a fênix da floresta. Envaidecido, o

---

9. Primeiro viver, depois filosofar.

corvo abriu o bico para cantar, e a raposa seguiu seu caminho com o apetitoso queijo.

A locução "inteligência emocional", tão difundida ultimamente, me ajuda no que pretendo dizer. Para os filósofos principalmente ingleses, preocupados com teoria do conhecimento, a inteligência infantil aparecia como uma folha em branco, na qual se imprimiam, com a sensação, os dados primários do conhecimento. Viu-se depois que inexistem a pura sensação e o dado puro: tudo que chega à inteligência chega na forma desta, de modo que em vez de "sensação" se deveria dizer "percepção".

Pondo minha colher nesse debate, em vez de percepção quero dizer "impressão"; o que importa, na impressão, é o modo como o dado sensível é recebido pela sensibilidade. Na criança, esse modo depende do que podemos designar como categorias do aprendizado infantil: insegurança, angústia e medo; para ela, tudo se apresenta como prazer (o seio materno) ou desconforto (o insólito).

Resumindo, quero dizer que há muitos motivos, decorrentes seja da natureza das coisas, seja do desejo, que podem corromper o discurso verdadeiro[10]. Uma são as regras do discurso racional, outra é a prática da retórica e da propaganda, orientada para convencer e induzir; aí, a linguagem é a chave para o mundo do desejo e da fan-

---

10. "À linguagem então – apenas à linguagem – é que as entidades fictícias devem a sua existência" (Jeremy Bentham, *Theory of Fictions*, cf. Luiz Costa Lima, *O controle do imaginário*, 2.ª ed., Rio de Janeiro, Forense Universitária, 1989, p. 48). Bacon, ao enumerar as causas de extravio da inteligência (ídolos), diz que "os ídolos do foro são de todos os mais perturbadores: insinuam-se no intelecto graças ao pacto de palavras e de nomes. Os homens, com efeito, crêem que a sua razão governa as palavras. Mas sucede também que as palavras volvem e refletem suas forças sobre o intelecto, o que torna a filosofia e as ciências sofísticas e inativas [...]. Daí suceder que as magnas e solenes disputas entre os homens doutos, com freqüência, acabem em controvérsias em torno de palavras e nomes [...]" (*Novum organum*, aforismo XIII, cit. cf. edição "Os pensadores", pp. 34-5).

tasia. O mesmo Habermas, acima referido, indica que, no "agir estratégico", um dos interlocutores não atua com o outro, mas "sobre o outro", buscando sua persuasão à margem de argumentos racionalmente válidos.

6. Nas relações particulares que se estabelecem em sociedade, ou se opta pela força ou se opta pela interlocução. Acima dessas decisões particulares, porém, põe-se uma outra, coletiva, cuja matéria é esta: se, de regra, a interlocução – não a força – deve ser utilizada na composição dos diferentes interesses[11].

Essa questão fica automaticamente resolvida quando se elege a Constituição – que é, por definição, parte de um discurso (o discurso normativo) – como instrumento de organização social.

O que resta a decidir, a partir desse momento, é um feixe de seqüelas, tais como: a) deve haver, em sociedade, temas (questões dogmáticas) que fiquem à parte de todo debate? b) deve haver regras disciplinando o debate? c) como se estabelecem essas regras? d) deve haver um momento em que, por necessidade de decisão, se determina o fim ou a suspensão do debate? e) como se decidem os debates? f) deve haver alguém com autoridade para decidir e levar adiante as decisões? g) como se institui a autoridade?

Se não existem tabus e todas as questões são abertas ao debate, isso implica a circularidade da linguagem

---

11. Diz Francis Wolf: "Como sabemos, a democracia é por excelência o regime do discurso, isto é, da palavra pública: toda decisão (política, jurídica ou judiciária) supõe a discussão aberta, a confrontação explícita das posições das partes presentes, a exposição a todos de razões válidas para todos, o estabelecimento em comum dos valores comuns. De modo que, na democracia, a política se confunde com o intercambiável, tanto por seus objetos (o político é o discutível) como por sua forma (publicidade dos debates, transmissibilidade das opiniões)" ["Nascimento da razão, origem da crise", in *A crise da razão*, Adauto Novaes (org.), São Paulo, Companhia das Letras, 2006, p. 73].

e do debate, em que a própria forma de constituição da sociedade se inclui como objeto de discussão; ou seja, mesmo a Constituição, o liberalismo, a democracia, não representam dogmas (o que, em si mesmo, não atenta contra a existência da Constituição, do liberalismo e da democracia, antes reafirma a profundidade do compromisso com esses conceitos).

Assim, imediatamente após o acordo fundamental (a respeito dos valores básicos e das finalidades da cooperação), vem um acordo procedimental: é a própria Constituição que, mediante a fixação de procedimentos, responde às questões postas pouco acima. A Constituição deve ser cumprida, mas isso não impede que possa ser alterada (reformada, ou revista), segundo os termos que ela própria estabelece. Os processos de deliberação asseguram a participação de todos os interessados e se desenrolam segundo formas e prazos, de modo a não obstar ou dificultar a tomada de decisões.

Nesses procedimentos reflete-se a ética do discurso deliberativo. Eles devem ser os mais aptos a resguardar a igualdade dos deliberantes e a encaminhar as melhores decisões. Daí podermos dizer que – mais do que prever a obrigatoriedade de determinados procedimentos – a Constituição consagra o princípio procedimentante, segundo o qual, mesmo que sua decisão venha a ser discricionária, os atos da autoridade devem ser procedimentais. No que diz respeito às decisões judiciais, uma importante exigência é que sejam fundamentadas; com isso, diminui-se ou se afasta a probabilidade de haver decisão judicial arbitrária[12].

A exigência procedimental não corresponde a uma simples técnica, que se adota na busca de resultados;

---

12. No sistema do ordenamento há uma brecha, representada pela decisão irrecorrível.

para ela não há alternativas, o que implica ser necessitante: mostra-se assim a interlocução como característica específica, inafastável da humanidade. "Essa língua não é nossa – como um instrumento. Nós é que somos dela enquanto seus protegidos ou seus expatriados", diz Heidegger[13].

7. Não é desarrazoado falar da linguagem como uma pátria, da qual podemos ser banidos. Dentre as formas de expropriação da linguagem, utilizadas pelo poder, existem as mais flagrantes – a censura, a propaganda – e as mais sutis, como a ideologia.

Censurar é como tapar a boca de alguém, impedi-lo de falar ou de gritar – mesmo quando eu não o ouvisse, ou pudesse fechar meus próprios ouvidos –, e negar a liberdade àquele de quem discordo. Nada mais imoral, e bem dizia por isso Bernard Shaw: "o assassinato é a forma extrema de censura".

Historicamente, a censura estatal ficou confinada ao absolutismo e aos regimes autoritários, estabelecendo-se sua incompatibilidade com o Estado democrático de Direito. Este chega numa época em que a complexidade da organização social induz o pluralismo, contra o monolitismo do passado. Restou, como resíduo censório, a

---

13. Martin Heidegger, *Heraklit*, cit. cf. edição brasileira, *Heráclito*, 2.ª ed., Rio de Janeiro, Relume Dumará, 2000, p. 308; Umberto Eco avança, com base em Lacan, para dizer: "Não falamos a linguagem, e sim, somos falados pela linguagem" (Umberto Eco, *La struttura assente*, cit. cf. edição brasileira, *A estrutura ausente*, 3.ª ed., São Paulo, Perspectiva, 1976, pp. XX e 324). Diz a seu turno Castanheira Neves: "As palavras e a linguagem não são invólucros em que se embrulham as coisas para o comércio daqueles que escrevem e falam; é pelas palavras e pela linguagem que as coisas ganham ser e existem. Assim pôde também dizer Heidegger que 'a linguagem é a casa do ser' – e se dirá, de novo com Ortis Osés, que a essência do homem consiste em 'apalavrar-se'" (A. Castanheira Neves, *A crise atual da filosofia do Direito no contexto da crise global da filosofia*, Coimbra, Coimbra Ed., 2003, p. 59).

tentativa de transformar o Estado em tutor moral da sociedade.

A censura é forma sub-reptícia de magistério social: impõe o que não devemos pensar, sentir e falar. Mas ao seu lado – verdadeiramente como seu anverso – há outra forma de magistério social, determinando o que e como devemos pensar, sentir, falar e agir. Chamemo-la de falácia, palavra que, em latim, significa engano, trapaça, logro. De modo que censura e falácia são as duas faces da ideologia: a manipulação da realidade, o controle das mentes, no interesse da dominação. Por isso toda censura é política, e a questão que ela envolve não é tanto o que é censurado, mas quem controla as consciências.

Quando a lei recua, e o Estado deixa de censurar, é porque: a) a sociedade alcançou invejável grau de liberdade e igualdade, talvez a realização da utopia: as pessoas têm plenamente garantido o direito de informar e de serem informadas; têm direito à pesquisa (produção de informação) e direito de informação (acesso à informação produzida); ou b) o sistema manipulador da realidade prescinde da intervenção estatal; a aparência de liberdade, criada pela inexistência de censura oficial, integra a teia ideológica que domina as consciências e plasma os comportamentos.

Acontece que a censura feita pelo Estado, através da lei, é apenas um aspecto, o mais visível e menos violento da censura. Ele só se manifesta quando o sistema de dominação apresenta fissuras, pelas quais escapam as expressões de inconformismo. Censura de verdade é a que a gente não sabe que existe: ser velada faz parte da sua natureza. Antes da censura institucionalizada e ostensiva existe a barreira do silêncio; ela impede que pessoas (ou grupos) falem (silêncio subjetivo), e impede que determinadas coisas sejam ditas (silêncio objetivo).

A ideologia opera em dois níveis, um mais aparente – próximo ao da censura e da propaganda –, como quando, dirigindo-se a seus subordinados, Goebbels exigia que usassem o adjetivo "criminosos" para qualificar os anos que iam de 1918 (após o tratado de Versalhes) até 1933 (quando Hitler tomou o poder)[14]; denuncia-se na pauta dos jornais e da televisão (com a preferência e rejeição de determinados temas), assim como no seu linguajar: quando se fala, por exemplo, em "terrorismo" para qualificar todo e qualquer ato de resistência. "A guerra das palavras" – diz Sartori – "afeta suas propriedades emocionais. Sua regra básica é conquistar as 'palavras boas', e descarregar as 'más' no campo inimigo."[15]

No contexto das assim chamadas "filosofias da suspeita", a ideologia é denunciada como proposital manipulação do pensamento, quando assume conscientemente sua função ocultadora da realidade. Vai nessa direção o conselho rigorosamente maquiavélico de Mosca: "Todos que, pela fortuna, pela educação, pela inteligência, pela astúcia, são aptos a liderar uma comunidade humana e têm a oportunidade de o fazer – em outras palavras,

---

14. Em 12 de fevereiro de 1942, anotava em seu diário o chefe da propaganda nazista: "Dei instruções ao nosso Ministério para que prepare dicionários para as zonas ocupadas onde será ensinada a língua alemã. Sobretudo eles deverão contar com uma terminologia conforme nossa moderna concepção de Estado. Deverão ser especialmente traduzidas as expressões nascidas do nosso dogmatismo político. Essa é uma forma indireta de propaganda, da qual espero resultados muito bons" (cf. Luís Mauro Sá Martino, "A estética da propaganda política em Goebbels", *Comunicação & Política*, n.º 25/2, maio-ago. 2007).

15. Giovanni Sartori, *The Theory of Democracy Revisited*, cit. cf. a edição espanhola, *Teoria de la democracia*, Madrid, Alianza, 1988, vol. 2, p. 580. Mostra Alfredo Bosi: "Sabe-se que em 1556, quando já se difundia pela Europa cristã a legenda negra da colonização ibérica, decreta-se na Espanha a proibição oficial do uso das palavras conquista e conquistadores, que são substituídas por descobrimento e pobladores, isto é, colonos" (*Dialética da colonização*, São Paulo, Companhia das Letras, 1992, p. 12).

todas as facções das classes dominantes – devem curvar-se perante o sufrágio universal, desde que instituído, e igualmente, se a ocasião o exigir, lisonjeá-lo e ludibriá-lo."[16]

Na teoria de Mannheim, a ideologia aparece como uma espécie de racionalização: "O conceito de ideologia reflete uma das descobertas emergentes do conflito político, que é a de que os grupos dominantes podem, em seu pensar, tornar-se tão intensamente ligados por interesse a uma situação que simplesmente não são mais capazes de ver certos fatos que iriam solapar seu senso de dominação. Está implícita na palavra ideologia a noção de que, em certas situações, o inconsciente coletivo de certos grupos obscurece a condição real da sociedade, tanto para si como para os demais, estabilizando-a portanto."[17]

Félix Guatari vai além, ao denunciar "sistemas de submissão – não sistemas de submissão visíveis e explícitos, como na etologia animal ou como nas sociedades arcaicas ou pré-capitalistas, mas sistemas de submissão muito mais dissimulados. E eu nem diria que esses sistemas são interiorizados ou internalizados, de acordo com a expressão que esteve muito em voga numa certa época, o que implica uma idéia de subjetividade como algo a ser preenchido. Ao contrário, o que há é simplesmente uma produção de subjetividade"[18].

8. Na democracia não há delito de opinião. Tudo, nela, é sujeito a crítica: pessoas, governantes, idéias, sím-

---

16. Gaetano Mosca, *Elementi di scienza politica*, cf. Eric Hobsbawm, *The Age of Empire (1875-1914)*, cit. cf. edição brasileira, *A era dos impérios (1875-1914)*, 3ª ed., Rio de Janeiro, Paz e Terra, 1992, p. 125.
17. Karl Mannheim, *Ideology and Utopia – an Introduction to the Sociology of Knowledge*, cit. cf. edição brasileira, *Ideologia e utopia*, Rio de Janeiro, Zahar, 1976, p. 66.
18. Félix Guatari e Suely Rolnick, *Micropolítica – cartografias do desejo*, 6ª ed., Petrópolis, Vozes, 2000, p. 16.

bolos, instituições. Entretanto, pode haver crime na mera prolação de palavras: a) quando incitam ao crime; b) quando são proferidas dolosamente, com a intenção de ferir, menosprezar, causar dano, injuriar, difamar, caluniar.

Se fossem inócuas, as palavras não seriam reprimidas. Mas palavras são atos. "Fazer, sugerir ou inspirar é igualmente o mesmo", dizia a lei portuguesa de 25 de junho de 1776. Os americanos chamam de *fighting words* as palavras insultantes, que provocam reações violentas. Independentemente da identidade que se cria entre a coisa e seu nome; independentemente de saber se a palavra é o tijolo de que se faz nosso universo simbólico; e independentemente de saber se a palavra é, em si mesma, uma ação, é como se toda a sua importância consistisse na modificação que provoca no estado das coisas.

Por isso, mesmo que estejamos em paz com nós mesmos e com o mundo, sentimos o impulso de revidar acusações tão gratuitas quanto um xingamento no trânsito. Mas, de todas as acusações que podemos sofrer, nada mais ofensivo, em sociedade, do que a acusação de havermos praticado um crime. Logo – não obstante geralmente nos inclinemos a condenar alguém mediante uma simples informação de jornal – nada mais sagrado do que o direito de defesa, independentemente de quem esteja sendo acusado e independentemente do crime que lhe esteja sendo imputado.

X. Justiça penal

1. O termo "direito" possui mais de um sentido. Por um lado, ele é direito subjetivo, isto é, um direito assegurado a alguém pelo conjunto do ordenamento jurídico. Por outro lado – e aqui é preferível utilizar a inicial maiúscula –, ele é Direito objetivo, o conjunto das disposições do ordenamento jurídico[1].

Costumamos ficar indiferentes a algumas transgressões que ocorrem em sociedade, achando que o caso deve ser solucionado pelos próprios envolvidos. Outras, porém, despertam nossa indignação, mesmo que não nos tenham atingido diretamente. Parece nesses casos que, além do dano infligido à vítima, também foi vulnerado algum importante valor social. Crime é o nome que se dá a tais infrações[2]. Como ele não possui um conteúdo determinado, é difícil definir o que seja um crime[3]; mas,

---

1. Isso não exclui outros sentidos. No *Dicionário Compacto do Direito* (São Paulo, Saraiva) refiro cinco acepções para o termo Direito: "1. A efetivação institucional da liberdade. 2. Processo social de adaptação cuja finalidade é a paz e cujo critério é a justiça. 3. Processo de adaptação concernente às relações institucionalizadas de poder. 4. Conjunto sistemático das normas jurídicas, ou o tipo de comportamento que prevêem. 5. A ciência do Direito."

2. Entretanto, há crimes – como o de contrabando – em que o interesse do Estado passa à frente da indignação social.

3. O *DCD* fornece três acepções para o termo "crime": "1. Ato ofensivo a outrem cuja prática, dado seu custo social, deve ser reprimida mediante a

como se vê, é dele inseparável esse sentimento social, a repulsa que provoca. Junto à repulsa vem a exigência de punição: todos nós achamos que os transgressores devem ser punidos.

No passado toda infração parecia um crime de lesa-majestade, na medida em que a autoridade, que fizera a norma, sentia-se agravada pelo infrator. Com a punição se reafirmava o seu poder, ao mesmo tempo em que ela ganhava prestígio, como defensora dos direitos subjetivos.

A justiça penal está perto da natureza: todos nós desejamos profundamente a punição do transgressor. Mas ela também está perto da instituição, na medida em que punir é atributo da autoridade. Onde não há autoridade, nem Direito, existe para os crimes uma única pena: o linchamento.

Nos primórdios do Direito não se tinha em vista, com a aplicação da pena, restaurar o bem jurídico ofendido pelo infrator. Seu objetivo era exibir o braço da lei, de modo a afastar qualquer futura veleidade de transgressão. Nem se pensava em graduar a pena segundo a natureza da infração. Consideradas crimes de lesa-majestade, todas as infrações eram tidas como graves[4], e

---

cominação e imposição de sanção penal. 2. Violação grave de um bem jurídico, protegido penalmente. 3. Ato típico, contrário ao Direito, imputável a título de dolo ou culpa, ao qual a lei contrapõe a pena como sanção específica." O mesmo dicionário assim define "ilícito penal": "Ilícito típico para cuja sanção, de natureza não reparatória, menos do que o direito subjetivo, se leva em conta o bem jurídico ofendido."

4. Mesmo Rousseau tinha essa concepção autoritária do Direito penal: "Todo malfeitor, ao atacar o direito social, torna-se, por seus delitos, rebelde e traidor da pátria; cessa de ser um de seus membros ao violar suas leis, e chega mesmo a declarar-lhe guerra" (Jean-Jacques Rousseau, *O contrato social*, São Paulo, Cultrix, 1975, p. 46). Contemporaneamente, reassumiu-se essa concepção na Alemanha nazista: "O direito penal terá de ser substancialmente um ordenamento para o castigo da falta de fidelidade", declarou o ministro da Justiça do 3º Reich, ao discursar no dia 18.6.1938 (cf. Luigi Ferrajoli, *Diritto e ragione: teoria del garantismo penale*, cit. cf. edição brasileira, *Direito e razão. Teoria do garantismo penal*, São Paulo, Revista dos Tribunais, 2002, p. 197).

os juízes não se contentavam em pura e simplesmente punir os condenados: elucubravam suplícios que, em sua severidade, refletissem o ilimitado poder do monarca.

Michel Foucault inicia a obra intitulada *Vigiar e punir* narrando a execução de um jovem, ocorrida em Paris em 1757; ele "é atenazado nos mamilos, braços, coxas e barriga das pernas [...] [onde] se aplicarão chumbo derretido, óleo fervente, piche em fogo, cera e enxofre derretidos conjuntamente, e a seguir seu corpo será puxado e desmembrado por quatro cavalos e seus membros e corpo consumidos ao fogo [...]"[5].

Perto disso pareciam um refresco as penas assim referidas por Calógeras e previstas nas Ordenações Filipinas (1603): "Para delitos hoje considerados sem maior alcance, cominava a pena última. Havendo atenuantes ou privilégios, era o degredo a alternativa. Detenção pessoal no tronco ou nas diversas cadeias do reino, embora praticada amiúde, era penalidade onerosa para o Estado, mal vista portanto, e que se procurava resolver pelo desterro, ou extermínação. [...] Castigos corporais e mutilações completavam o aparelho repressivo de um sistema no qual o tormento era medida judiciária do processo."[6]

As penas eram cruéis, e não apenas para intimidar, atemorizar. Aplicadas em espetáculos que reproduziam antigos rituais do bode expiatório, uniam o sadismo do

---

[5]. Michel Foucault, *Surveiller et punir*, cit. cf. edição brasileira, *Vigiar e punir*, 3.ª ed., Petrópolis, Vozes, 1984.

[6]. J. Pandiá Calógeras, *A política exterior do Império*, Brasília, 1998, 1.º vol., p. 284. Não obstante, informa Milton Segurado que o livro V das Ordenações Filipinas era chamado de terrível, "pelos mesmos motivos que obrigaram a denominar de *libri terribiles* os livros 47 e 48 do Digesto. As penas cruéis, morte pelo fogo e torturas atravessam os seus 143 títulos, dos quais o 133 – o dos tormentos – é tão horrível que Melo Freire deixou de comentá-lo em suas *Institutiones Juris Criminalis Lusitani*" (Milton Duarte Segurado, *O Direito no Brasil*, São Paulo, Bushatsky, 1973, p. 61).

carrasco ao alívio da platéia. Eliminar o criminoso significava banir o demônio, derrotar o mal, propiciar-nos o bálsamo da segurança na comunidade dos justos. Assim, embora pareça, hoje, um sinal de barbárie, a pena de talião (olho por olho, dente por dente) representa, ao chegar, um progresso.

2. A justiça penal contraria o senso comum, o que se explica pelo fato de que existe um senso comum moral, mas ainda não existe um senso comum penal. Melhor dizendo: o senso comum moral ainda não foi sensibilizado pelo que se poderia designar como senso comum penal.

Isso levanta muitas questões. As pessoas parecem, por exemplo, mais habituadas às categorias do Direito civil (família, contratos, sucessões) – que estão próximas da sua experiência – do que às soluções propostas, pela ciência, para o problema da criminalidade. Não obstante, também este faz parte da sua experiência, seja como vítimas, seja como leitores de jornais, espectadores de cinema e TV.

Acontece que, sendo um invasor da normalidade (assim como a doença e a morte), o crime deve ser expulso não só a começar do delito considerado em si mesmo, mas a partir de sua simples idéia. São, esses, fatos demasiado perturbadores, demasiado agressivos, para que possamos admitir sua existência como objeto de reflexão. Só aceitamos assisti-los, na mídia, como reforço às nossas tendências expulsivas. Por isso, é pura repressão aquilo que se costuma apresentar, nos veículos de divulgação, como justiça penal.

Essa posição, perfeitamente compreensível na sua emotividade, não é, entretanto, racionalmente correta. Não nos oferece uma saída para o problema da criminalidade, assim como a política do avestruz não representa uma solução para as questões da doença e da morte.

A única via para o equacionamento da criminalidade consiste em considerá-la como fato da vida, com o qual devemos estabelecer a relação mais saudável possível. Logo no início desse caminho se apresenta uma primeira escolha: se, como bons maniqueístas, queremos nos considerar isentos e purificados de todo o mal (o que, numa expressão abominável, se passou a designar como "do bem") – opostos ao contingente "do mal" (formado por bandidos, pecadores, ou por aquilo que ouvi um justiceiro designar como "lixo") – ou se temos uma outra concepção da sociedade, em que todos aparecemos como viajantes do mesmo barco e sujeitos às mesmas procelas[7].

3. Tem-se notado, recentemente, um movimento de advogados criminalistas no sentido de reafirmar o direito de defesa. Esses advogados acusam os excessos da mídia, que expõem à reprovação social, antes de serem julgadas, pessoas que são apenas suspeitas da prática de um crime. Os sentimentos sociais de reprovação são capazes de destruir reputações, vidas e famílias inteiras, como se tem, aliás, descrito em alguns livros[8].

Assim, antes de estudarmos os principais aspectos da justiça penal, parece necessária uma comparação entre o tipo de julgamento oferecido pelo Direito penal e o

---

7. Segundo Luhmann, "atualmente não é mais necessário comprovar que o comportamento divergente é socialmente provocado, apoiado por processos sociais, e que ele segue regras pesquisáveis do comportamento social, não sendo assim um comportamento simplesmente 'associal', redutível tão só a um impulso maligno" (Niklas Luhmann, *Sociologia do Direito*, Rio de Janeiro, Tempo Brasileiro, 1983, vol. 1, p. 138).

8. *V.g.* Mário Rosa, *A era do escândalo*, 3.ª ed., São Paulo, Geração, 2004; John B. Thompson, *O escândalo político*, Petrópolis, Vozes, 2002.

tipo de julgamento que costuma ocorrer, antes dele, perante o tribunal da moralidade. Resumirei, aqui, o que tenho exposto em outros textos[9].

Muitos autores acreditam que a principal característica do Direito é a coercitividade; ou seja, as pessoas devem cumprir a norma jurídica sob pena de sofrerem uma sanção. Tenho sustentado, ao contrário, que existe menos coercitividade no Direito do que na moralidade. Costumo dar o seguinte exemplo: uma norma inscrita no código penal, com a correspondente sanção (pena privativa de liberdade), parece mais severa e coercitiva do que isso que se mostra como uma simples recomendação, inscrita em amável convite para uma recepção social: "traje: rigor". Todavia, enquanto muitos infringem a norma penal, ninguém ousaria infringir esse que nos parece apenas um conselho amistoso. Concluo que os mecanismos de repressão contidos na moralidade são mais severos: começam com simples barreiras de comunicação, olhares de reprovação, deboche, fofoca, riso, boicote, e chegam, num crescendo, a segregação, banimento, linchamento, quando não a sanções auto-aplicadas: inadaptação à vida social, doenças físicas, doenças mentais, suicídio.

Uma diferença relevante entre a moralidade e o Direito é que, na primeira, as regras são difusas, inaparentes, desprovidas de sanção proporcionada e incidem automaticamente, não oferecendo alternativa de defesa. A reação da sociedade ao ilícito, sob a forma de uma punição, aparece na moralidade antes de aparecer no Direito. Na moralidade também acontece um juízo e um processo, em que todos nós participamos como juízes, e estabele-

---

9. Veja-se, por exemplo, "Limites ao poder do Estado", in Eros Roberto Grau e Willis Santiago Guerra Filho, *Direito constitucional, estudos em homenagem a Paulo Bonavides*, São Paulo, Malheiros, 2001, p. 167.

cemos nosso veredicto segundo o que ouvimos dizer. Nesse processo, quase sempre o acusado (corno, bicha, galinha, doido, marginal, vigarista) não sabe que está sendo julgado, e quando percebe já lhe foi aplicada a pena da reprovação social.

O que tem feito a mídia – notadamente com referência aos crimes de corrupção política, aos praticados por menores e aos apontados como hediondos – é amplificar e de certa forma legitimar a reprovação social, que antes fluía apenas nos lugares de encontro.

Entretanto, não se pode esperar, da mídia, que não noticie; essa é sua função, na qual também estão presentes aspectos altamente positivos, como acontece, por exemplo, no jornalismo investigativo. Nenhum de nós gostaria de voltar aos tempos da censura.

Na verdade, a mídia tem falhado menos do que o poder judiciário: a demora deste impede que suspeitos e acusados tenham uma resposta expedita, com sua absolvição; continuam portanto, para a eternidade, atados ao rochedo da pública exposição, com as vísceras à mostra. Parece possível, todavia, chegar a um ponto de equilíbrio, mercê de um código de ética jornalística, da contenção do sensacionalismo, e da incorporação do senso comum penal ao senso comum moral.

4. No passado, reconhecia-se ao patriarca, e depois ao monarca, a faculdade de condenar quem tivesse agido indevidamente. Começou aí a nascer o Direito: primeiro quando se ditaram normas de comportamento; depois quando se estabeleceram sanções proporcionadas à gravidade da infração.

É indiscutível o progresso, o ganho em civilização, quando se constitui o Direito penal, que basicamente, para que haja condenação, exige a existência prévia de uma norma incriminadora (*nullum crimen, nulla poena sine lege*); isso implica a existência de um processo, que se inicia com uma acusação: a de que o réu infringiu a norma incriminadora "x", e por isso deve ser condenado ao cumprimento da pena nela prevista.

O processo apenas começa, mas não termina na acusação: a ela seguem-se a defesa do acusado, as provas, os debates e só depois, afinal, a sentença. A sentença dirá, diante das provas e das razões, se o acusado realmente infringiu a norma; e, em caso afirmativo, com base na pena prevista na norma (por exemplo: reclusão de seis a vinte anos, conforme as circunstâncias), estabelecerá a pena *in concreto* que ele deve cumprir (por exemplo: dez anos de reclusão)[10].

Ante a notícia de um crime, associada à nominação do seu autor, o senso comum reage como a consciência mo-

---

10. De acordo com o código penal brasileiro (art. 61), são circunstâncias agravantes (agravam a pena, quando não constituem ou qualificam o crime): "I – a reincidência; II – ter o agente cometido o crime: a) por motivo fútil ou torpe; b) para facilitar ou assegurar a execução, a ocultação, a impunidade ou a vantagem de outro crime; c) à traição, de emboscada ou mediante dissimulação, ou outro recurso que dificultou ou tornou impossível a defesa do ofendido; d) com emprego de veneno, fogo, explosivo, tortura ou outro meio insidioso ou cruel, ou de que podia resultar perigo comum; e) contra ascendente, descendente, irmão ou cônjuge; f) com abuso de autoridade ou prevalecendo-se de relações domésticas, de coabitação ou de hospitalidade; g) com abuso de poder ou violação de dever inerente a cargo, ofício, ministério ou profissão; h) contra criança, velho, enfermo ou mulher grávida; i) quando o ofendido estava sob a imediata proteção da autoridade; j) em ocasião de incêndio, naufrágio, inundação ou qualquer calamidade pública, ou de desgraça particular do ofendido; l) em estado de embriaguez preordenada." Por outro lado, são, dentre outras, circunstâncias que atenuam a pena (art. 65), ter o agente "a) cometido o crime por motivo de relevante valor social ou moral; b) procurado, por sua espontânea vontade e com eficiência, logo após o crime, evitar-lhe ou minorar-lhe as conseqüências, ou ter, antes do julgamento, reparado o dano; c) cometido o crime sob coação a que podia resistir, ou em cumprimento de ordem de autoridade superior, ou sob a influência de violenta emoção, provocada por ato injusto da vítima; d) confessado espontaneamente, perante a autoridade, a autoria do crime; e) cometido o crime sob a influência de multidão em tumulto, se não o provocou".

ral. O acusado foi preso na cena do crime, com a arma na mão: são necessárias outras evidências para condená-lo?

Nunca advoguei em processos criminais. Uma vez, na hora do almoço, meus filhos me fizeram esta pergunta: por que é preciso fazer um processo antes de condenar o culpado? Respondi que nos processos civis de que participara, por mais difícil que fosse a posição do meu cliente, sempre havia algo que pudesse ser alegado em seu favor.

Levei a mesma pergunta a um experiente advogado criminalista. Pensei que ele fosse me dizer que não podemos julgar com base em impressões, nem com base em relatos que podem ser equivocados; são muitos os livros, tantos os filmes, inúmeros os casos da vida real a nos mostrar que as aparências enganam, e que a autoria de um crime só deve ser estabelecida após uma investigação cuidadosa. Pensei que ele fosse dizer que a culpa só se estabelece ao fim de um processo. Mas foi outra a sua resposta: – o processo não serve apenas para apurar o culpado, mas também para estabelecer a pena a que ele deve ser condenado e como ela deve ser aplicada; há muitas circunstâncias que influem na fixação da pena, na sua graduação e no seu modo de aplicação; a defesa é necessária para que haja a exata aplicação da lei.

Acontece, também, que as coisas nunca são assim tão esquemáticas. Para condenar alguém pela prática de um crime, não basta sua identificação como autor. E se ele agiu, por exemplo, em legítima defesa, no exercício regular de um direito, ou no estrito cumprimento de um dever legal (como ocorre com o policial que mata um assaltante)?

5. Se alguém é acusado de um crime tem o direito de se defender, e isso é mais do que simplesmente dizer o que lhe é favorável; significa também requerer provas,

apresentá-las, acompanhar o processo em todos os seus termos e atos, impugnar aqueles que não sejam realizados na forma da lei, recorrer das decisões contrárias; no Brasil, o direito de defesa não é garantido por uma lei ordinária, mas pela própria Constituição, na sua parte mais nobre, considerada imodificável: a que enumera os direitos fundamentais.

Aí se lê que "aos acusados em geral são assegurados o contraditório e a ampla defesa, com os meios e recursos a ela inerentes" (art. 5º-LV). Além dessa, vêem-se nesse capítulo várias disposições que protegem os acusados, assim, por exemplo, a de que "ninguém será privado da liberdade ou de seus bens sem o devido processo legal" (art. 5º-LIV). O inciso XLVII desse mesmo artigo, por sua vez, diz que não haverá pena: de morte (salvo em caso de guerra declarada), perpétua, de trabalhos forçados, de banimento, cruel.

Merece comentário especial o inciso LVII, que consagra a presunção de inocência do acusado: "ninguém será considerado culpado até o trânsito em julgado da sentença penal condenatória".

A Constituição não diz que ninguém é culpado antes da sentença definitiva; diz que ninguém será considerado culpado. Logo, todo acusado presume-se inocente enquanto não for condenado mediante uma sentença irrecorrível. Considerar alguém como inocente significa – mesmo que tenhamos a convicção contrária – tratá-lo como se fosse inocente, até que seja estabelecida, de modo definitivo, a sua condenação[11].

Escrevo este comentário na noite em que a televisão anuncia a prisão, em Mônaco, do ex-banqueiro Salvatore

---

11. Entretanto, a prisão é legalmente admitida, em alguns casos, antes que haja sentença. São esses casos o da prisão em flagrante delito, da prisão preventiva e da prisão temporária.

Cacciola, e não perde a oportunidade de entrevistar o ministro Marco Aurélio, do Supremo Tribunal Federal, que lhe concedeu *habeas corpus* há alguns anos, quando ainda não havia sido condenado. Há, no noticiário, uma sutil insinuação de que o ministro Marco Aurélio teria sido o responsável pela libertação de um criminoso, que só agora, sete anos depois, vem a ser preso. Quem o libertou, porém, não foi o ministro, foi a Constituição, e acertadamente. Ou nós queremos que as pessoas (veja-se bem: toda e qualquer pessoa) fiquem sujeitas a cativeiro sem terem sido condenadas, somente porque a polícia as prendeu ou porque o Ministério Público as acusou?

Ninguém gosta de ver um bandido solto somente porque ainda não foi julgado. Também nesse ponto o senso comum moral contraria o senso comum penal, dentre outros motivos porque um poder judiciário extremamente lento acaba consagrando a impunidade. Mas é infundada a presunção, implícita no senso comum moral, de que a polícia e o Ministério Público sempre estão certos, ao prender e ao acusar.

Sabemos que o regime democrático não é aceito por ser eficiente, mas por ser um anteparo contra a tirania. Algo semelhante acontece com o direito de defesa. Quanto maior o poder, maior a tendência a abusar dele, e principalmente onde a sociedade e o judiciário não estão bem organizados são incontáveis os abusos cometidos pelas forças policiais. Se lermos os direitos fundamentais enumerados no art. 5º da Constituição brasileira, veremos que praticamente todos se destinam à defesa das pessoas contra abusos da autoridade.

Porque não se esqueceu dos abusos historicamente praticados pelo poder, a Constituição brasileira estabeleceu que "ninguém será preso senão em flagrante delito ou por ordem escrita e fundamentada de autoridade judiciária competente, salvo nos casos de transgressão militar ou crime propriamente militar, definidos em lei" (art. 5º-LXI). E, em seguida, proclamou: "conceder-se-á *habeas corpus* sempre que alguém sofrer ou se achar ameaçado de sofrer violência ou coação em sua liberdade de locomoção, por ilegalidade ou abuso de poder" (art. 5º-LXVIII).

Ao se estabelecer a ditadura, em 1964, uma de suas primeiras providências foi cancelar essa garantia constitucional. E quando, anos após, o ministro Petrônio Portela foi encarregado de preparar a distensão política, Raymundo Faoro, presidente nacional da OAB, lhe sugeriu que o caminho para a democracia começava com a restauração do *habeas corpus*.

Em toda ditadura vê-se a sombra do grande inquisidor pesando sobre a sociedade: a suspeita generalizada, a presunção geral de subversão; os policiais transgressores (corruptos ou justiceiros) com as costas quentes, gozando de imunidade; a polícia, funcionando como máquina de bater e arrebentar, rotineiramente dotada de poderes excepcionais. Na democracia, ao contrário, o poder de prender alguém é poder do povo que se delega aos agentes policiais, e não poder da polícia sobre o povo.

Por isso, a presunção de inocência não tem fundamento ético (a dignidade da pessoa humana), nem sociológico (a forma comum de comportamento), mas político: a presunção individual de inocência do acusado não é presunção *facti* (presunção baseada nos fatos), mas presunção *legis* (presunção decorrente da lei): a projeção, no plano individual, da presunção generalizada de inocência do povo. Hoje, o nível de civilização de um povo se observa na condição do acusado: sobre ele não pode pesar a maldição de todos.

6. Podemos considerar como pai da justiça penal o italiano Beccaria (Cesare Bonesana, marquês de Beccaria), que em 1764 publicou, em Milão, um pequeno livro intitulado *Dei delitti e delle pene* [*Dos delitos e das penas*][12]. Aí ele examina o conceito de delito, a natureza e a finalidade das penas, o modo de sua aplicação e vários outros aspectos do Direito e do processo penal.

Tendo em vista que o fim das penas não é afligir e atormentar as pessoas, Beccaria busca demonstrar que só as leis podem decretar as penas correspondentes aos delitos, e que deve haver uma proporção entre os delitos e as penas; segundo ele, a gravidade dos delitos não se mede pela importância da pessoa ofendida, mas pelo dano que infligem à sociedade. Afirma que "um homem não pode ser chamado culpado antes da sentença do juiz, e a sociedade só pode retirar-lhe a proteção pública após ter decidido que ele violou os pactos por meio dos quais ela lhe foi concedida". Não obstante enxergue como fim político das penas o terror dos outros homens, critica asperamente a tortura como meio de apurar a verdade. Diz que, quanto mais a pena for rápida e próxima do crime, tanto mais justa e útil será, acrescenta que "um dos maiores freios aos delitos não é a crueldade das penas, mas sua infalibilidade", e aponta para a necessidade de prevenção dos delitos.

Beccaria conclui sua obra com essa síntese: "para que cada pena não seja uma violência de um ou de muitos contra um cidadão privado, deve ser essencialmente pública, rápida, necessária, a mínima possível nas circunstâncias dadas, proporcional aos delitos e ditada pelas leis".

---

12. Esse livro, um clássico da literatura jurídica, é facilmente encontrado nas livrarias.

Depois de Beccaria, e já mais próximo de nós, um outro grande criminalista italiano, Enrico Ferri, dedicou-se a mostrar os efeitos positivos da prevenção dos delitos; segundo ele, os fatores ambientais exercem grande influência nos índices de criminalidade; ficou famosa sua observação de que, para diminuir o número dos delitos cometidos numa rua escura, basta iluminá-la.

Essa observação é confirmada, atualmente, nos municípios que adotaram medidas preventivas tais como a distribuição de câmeras fotográficas em lugares públicos ou a restrição ao comércio, principalmente de bebidas, em horário noturno.

7. Ao termos notícia de um crime, o que parece mais correto é não nos colocarmos na perspectiva do senso comum moral, mas do senso comum penal, que é o senso comum moral aperfeiçoado e enobrecido pelo senso comum penal.

Um ponto em que essas perspectivas coincidem diz respeito à necessidade de punição dos autores de crimes, conforme apontava Beccaria. Portanto a preocupação maior da sociedade, no que diz respeito à preservação da segurança, deve ser a construção de um sistema repressivo eficiente.

Essa construção passa, primeiro, pela discriminação dos bens jurídicos que merecem proteção, de modo que o sistema penal não esteja a serviço de algum ou alguns segmentos da sociedade, mas do seu todo[13]. Aqui, a justiça penal se enlaça com a justiça política: na ordem social presidida pela justiça, a dignidade da pessoa huma-

---

13. No fundo, à base dos diversos regimes políticos está uma concepção diferente sobre aquilo que deve ou não ser penalmente reprimido. O Direito penal das sociedades capitalistas-libertarianas é muito mais revelador do que seu Direito privado.

na passa a orientar a existência e atuação da autoridade. Isso envolve, por exemplo, a reconstrução do Direito sancionatório, com o realinhamento dos bens juridicamente protegidos; o sinal identificador do delito, na sociedade presidida pela justiça, consiste em sujeitar o interesse geral aos interesses particulares.

A edificação de um sistema repressivo eficiente implica também a adoção de penas proporcionadas aos delitos, cuja forma de execução não represente um incentivo à criminalidade, como acontece quando a todos os delitos se aplica pena privativa de liberdade e se misturam condenados com presos provisórios, sem qualquer atenção à natureza dos seus crimes e aos seus antecedentes.

Esse trabalho reclama, em seguida, a eficiência da polícia, do Ministério Público e do poder judiciário, de modo que a probabilidade de punição represente um forte elemento dissuasório. Em 2006, o Departamento de Polícia de Nova York anunciou que foram elucidados 70% dos assassinatos cometidos na cidade, tendo sido os culpados presos e condenados[14]. No mesmo ano, informava um articulista: "a taxa de elucidação de homicídios no Rio é inferior a 3%; nos EUA, em 65% dos casos um acusado é julgado"[15]. Esses números conferem com os fornecidos pelo pesquisador Sérgio Adorno: monitorando o destino de 344 mil casos policiais, registrados em boletins de ocorrência em três seccionais da polícia paulista, responsáveis por 18% das ocorrências na cidade de São Paulo, ele verificou que apenas 6,4% desses casos resultaram em inquérito, e somente a 2% deles correspondeu uma sentença judicial[16].

---

14. Nelson Motta, *Folha de S.Paulo*, 19.5.2006.
15. José Alexandre Scheinkman, *Folha de S.Paulo*, 3.12.2006.
16. *O Globo*, out. 2003.

A construção desse sistema requer que a aplicação da pena se faça nos estritos termos da sentença; pena privativa de liberdade não significa pena privativa da dignidade; vira bicho quem, preso, é obrigado a ficar ocioso e não recebe a necessária assistência médica e jurídica[17].

Acima de tudo, a construção de um sistema repressivo eficiente e econômico reclama, paralelamente, um sistema de prevenção que afaste do crime as faixas da população mais expostas, principalmente os jovens, que desde cedo precisam de família e escola.

Nada disso será possível, porém, enquanto a sociedade, como um todo, não se sentir responsável pelo combate à criminalidade, que não tem condições de êxito enquanto entregue somente ao Estado. Isso implica não apenas que se instalem em todas as comunidades órgãos de combate ao crime, como, por exemplo, secretarias municipais de segurança; mas que, em todas elas, se desenvolvam políticas de segurança, com a participação da sociedade nas várias etapas de sua elaboração e execução.

---

17. "É impossível enjaular homens como animais e esperar que eles se tornem melhores" (Earl Warren, presidente da Corte Suprema norte-americana, cit. cf. Lêda Boechat Rodrigues, *A Corte de Warren*, Rio de Janeiro, Civilização Brasileira, 1991, p. 35).

XI. Legítima defesa (é justo descumprir a lei ou decisão judicial?)

1. Pensei primeiro em designar este capítulo como "Legítima defesa e seus limites". Verifiquei depois que, se digo "legítima defesa", é porque existe uma defesa ilegítima; de modo que, no adjetivo "legítima", já se inclui previsão sobre os limites permitidos à defesa.

A legítima defesa é pensada, de início, como figura do Direito penal, e isso não é despropositado. De fato, no código penal brasileiro (decreto-lei 2.848, de 7.12.1940) encontramos referência a essa figura, aí descrita no art. 25: "Entende-se em legítima defesa quem, usando moderadamente dos meios necessários, repele injusta agressão, atual ou iminente, a direito seu ou de outrem."

Isso significa que alguém pode haver cometido um crime, mesmo que estivesse se defendendo contra uma agressão injusta. Mas afasta-se a incidência da lei punitiva se a defesa foi legítima (se usou, moderadamente, os meios necessários para a repelir). Diz o art. 23 do mesmo código penal: "Não há crime quando o agente pratica o fato: I – em estado de necessidade; II – em legítima defesa; III – em estrito cumprimento de dever legal ou no exercício regular de direito."

A locução "agressão injusta" é gritante, pois implica a possibilidade de haver agressão justa. Isso nos obriga a examinar não só o adjetivo "justa" – o que, aliás, temos feito no curso deste livro – mas também o substantivo "agressão". No senso comum, costumamos ter toda agressão como injusta.

Se considerarmos como agressão a injúria (em sentido etimológico) que produz dano físico ou moral, a locução "agressão justa" se aplicará, por exemplo, a todo revide, praticado em legítima defesa; mas pode se aplicar também a qualquer tipo de sanção legal; isso tem sua importância, como veremos adiante, ao tratarmos da resistência contra a lei e a sentença injustas. A doutrina penal tem entendido como injusta a agressão inclusa numa conduta proibida ou desautorizada pelo Direito[1].

2. Além das demais hipóteses referidas no art. 23 do código penal (estado de necessidade, estrito cumprimento de dever legal, exercício regular de direito), o ordenamento jurídico brasileiro acolhe outros casos em que se afasta a incidência de normas sancionatórias (assim, por exemplo, se houve provocação, retorsão imediata ou desforço imediato).

Diz o art. 140 do código penal que é crime injuriar alguém, ofendendo-lhe a dignidade ou o decoro. Mas acrescenta que o juiz pode deixar de aplicar a pena: "I – quando o ofendido, de forma reprovável, provocou diretamente a injúria; II – no caso de retorsão imediata, que consiste em outra injúria".

Por sua vez, dispõe o art. 1.210 do código civil, em seu § 1º: "O possuidor turbado, ou esbulhado, poderá manter-se ou restituir-se por sua própria força, contanto que o faça logo; os atos de defesa, ou de desforço, não podem ir além do indispensável à manutenção, ou restituição da posse." Notam-se aí os requisitos da legítima

---

1. Ver Nelson Hungria, *Comentários ao Código Penal*, 4ª ed., Rio de Janeiro, Forense, 1958, vol. I, tomo II, p. 295.

defesa penal: a) uma agressão injusta, atual ou iminente; b) a defesa moderada, isto é, utilizando os meios proporcionados necessários a repelir a agressão.

Pergunto-me se esse também é um caso de legítima defesa. O que implica indagar se, no ordenamento brasileiro, a legítima defesa corresponde apenas ao tipo do art. 25 do código penal (legítima defesa *stricto sensu*) ou se existe um conceito genérico – talvez um princípio – de legítima defesa, que inspira tanto o art. 25 quanto a retorsão e o desforço imediatos. Inclino-me pela resposta afirmativa.

A natureza do Direito penal exige a estrita descrição dessa figura, que a faz se distinguir de outras próximas, tanto excludentes de ilicitude (assim o estado de necessidade, o exercício regular de direito, o estrito cumprimento do dever legal) quanto não-excludentes (assim a justiça de mão própria, a que se refere o código penal brasileiro, em seu art. 345, como exercício arbitrário das próprias razões: "Fazer justiça pelas próprias mãos, para satisfazer pretensão, embora legítima, salvo quando a lei o permite").

Na reflexão sobre a legítima defesa quero ir além do art. 25, em que se cuida da legítima defesa individual contra a agressão física, praticada por particular. Na verdade, algumas agressões não são meramente físicas, outras não são praticadas apenas contra um indivíduo (mas contra grupos), e existem agressões praticadas não por particulares (mas por agentes públicos, ou pelo próprio poder público). Quanto a esses tópicos, há uma evidente lacuna no ordenamento.

Quero refletir, portanto, sobre essa noção ampliada de legítima defesa, levando em conta principalmente a legítima defesa contra a agressão injusta praticada pelo poder público, ou por seus agentes, contra pessoas e contra grupos. Se o código penal define, como crime, "desobedecer à ordem legal de funcionário público" (art. 330), nessa definição está implícito que não caracteriza desobediência a falta de acatamento à ordem ilegal. Note-se aliás que o desacato (art. 331) – diverso da desobediência – no entendimento da doutrina "é a grosseira falta de acatamento, podendo consistir em palavras injuriosas, difamatórias ou caluniosas, vias de fato, agressão física, ameaças, gestos obscenos, gritos agudos, etc.", isto é, em "qualquer palavra ou ato que redunde em vexame, humilhação, desprestígio ou irreverência ao funcionário"[2].

No tocante à legítima defesa individual, é preciso examinar também se pode haver legítima defesa contra atos da autoridade ou contra a execução de uma decisão judicial transitada em julgado. É essa, portanto, a matéria dos tópicos imediatamente seguintes: a) legítima defesa contra atos evidentemente ilegais da autoridade; b) legítima defesa contra atos aparentemente legais da autoridade.

3. Já vimos que não há crime de desobediência quando a ordem é ilegal.

Uma ordem pode ser ilegal por muitos motivos, não só materiais (por exemplo, a ordem de torturar alguém), mas também formais (por exemplo: a ordem passada por autoridade incompetente; a ordem passada a quem não é subordinado, isto é, àquele que não tem o dever jurídico de obedecê-la).

Diz a Constituição brasileira, em seu art. 5º, inciso II, que "ninguém será obrigado a fazer ou deixar de fazer alguma coisa senão em virtude de lei". Essa é a primeira expressão do princípio da legalidade, que já se via no art. 179-1 da Ordenação de 1824: "Nenhum cidadão pode ser obrigado a fazer ou deixar de fazer alguma coisa senão em virtude da lei."

---

2. *Id.*, 2ª ed., 1959, vol. IX, p. 424.

O princípio da legalidade, que basicamente significa serem todas as pessoas subordinadas à lei, é assim descrito por Jon Elster: a) uma ação individual é permitida a não ser que exista uma lei que a proíba expressa e inequivocamente; b) a intervenção do governo é proibida a não ser que exista uma lei que a autorize expressa e inequivocamente[3].

Em outras palavras: em sua primeira seção, no que diz respeito aos particulares, esse princípio é a reafirmação da sua liberdade, que só encontra limite na lei: o homem nasce livre, e, sem lei dizendo o que não pode fazer, sob o ponto de vista jurídico ele tudo pode fazer. Temos aí, implícita, limitação à atividade do governo, que somente mediante lei pode obrigar alguém a fazer ou a deixar de fazer alguma coisa.

Contudo, além de dispor sobre aquilo que o particular pode ou não fazer, a lei também se presta a dizer aquilo que o próprio governo pode ou não fazer. O governo nasce limitado pelos direitos fundamentais: sem lei dizendo o que pode fazer, ele nada pode fazer. Em sua segunda seção é diversa a formulação do princípio da legalidade, que assim se poderia grafar: somente com base na lei pode o governo fazer ou deixar de fazer alguma coisa. Na verdade, esse princípio é a síntese da Constituição, que basicamente se destina a dizer o que o governo pode ou não fazer.

Cabe agora a reflexão sobre um tema que, há algum tempo, abordei em artigo de revista: se é possível, ao servidor público, recusar execução a uma decisão judicial ilegal[4]. Essa questão pode ser desdobrada em duas pergun-

---

3. Jon Elster, "A possibilidade da política racional", *Revista Brasileira de Ciências Sociais* 39/25).
4. Sérgio Sérvulo da Cunha, "Conflito possessório e positivismo ético – o agente público em face da decisão ilegal", *Revista de Informação Legislativa do Senado Federal* 133/65; *Revista Trimestral de Direito Público* 28/129.

tas: a) a pessoa a quem, em razão de ofício público, cabe executar decisão judicial ilegal está autorizada a não fazê-lo? b) essa pessoa é obrigada a esclarecer-se sobre a legalidade das decisões que precisa executar?

Como assinala Dalmo Dallari, tornou-se lugar-comum o dito: "decisão judicial não se discute, cumpre-se"[5]. Antes mesmo que o cérebro comece a elaborar a resposta vulgar (a desobediência às decisões judiciais violaria os princípios da ordem, da soberania e da hierarquia), fere-nos a sensibilidade a carga anárquica da indagação: seria subversivo subordinar a eficácia da coisa julgada à instância subjetiva e atécnica de um agente executivo?

Quando questão idêntica se apresentou no campo do Direito administrativo, ela suscitou, de início, a mesma repugnância: como seria possível, ao subalterno, desobedecer a ordem de seu superior hierárquico, argüindo sua pretensa ilegalidade? Até bem pouco tempo, aliás, havia na doutrina quem partilhasse dessa estranheza, como acontecia com Marcello Caetano[6].

Entretanto, entende-se hoje, no Direito brasileiro, que o funcionário público não está obrigado a obedecer à ordem ilegal (ver o art. 194-VII do anterior estatuto dos funcionários civis da União – lei 1.711/1952 – e art. 116-IV do atual estatuto, a lei 8.112/1990), mesmo porque ninguém é obrigado a fazer ou deixar de fazer alguma coisa senão em virtude de lei. O funcionário ou par-

---

5. Dalmo de Abreu Dallari, *O poder dos juízes*, São Paulo, Saraiva, 1996.

6. "A diferenciação entre superiores e subalternos existe, justamente, para que os primeiros ordenem, definindo o que os segundos têm de fazer a fim de desempenharem a sua obrigação de serviço. Se estes pudessem sobrepor o seu critério ao dos superiores, discutir as ordens recebidas e executá-las ou não, segundo a interpretação que dessem à lei, seria destruída a ordem hierárquica. Quando muito o subalterno, se duvidar da legalidade de uma ordem, poderá representar respeitosamente sobre essa dúvida ao superior, mas caso a ordem seja reiterada, terá de cumprir" (Marcello Caetano, *Manual de Direito administrativo*, 10.ª ed., Coimbra, Almedina, 1991, vol. II, p. 732).

ticular que dá curso a ordem ilegal assume-lhe a responsabilidade juntamente com quem a emitiu, não tendo a seu favor as dirimentes do exercício regular de direito ou do estrito cumprimento do dever legal, de que trata o art. 23-III do código penal.

Conseqüentemente, se o subalterno que lhe dá curso torna-se também responsável pela ordem ilegal, tem o direito e o dever de se esclarecer sobre a legalidade dessa ordem. É grande, aliás, seu interesse em informar-se sobre a legalidade das ordens que executa, a fim de não ser responsabilizado juntamente com quem ordena. Sob esse aspecto, o Direito desempenha relevante função ética; não sendo uma peça mecânica, o funcionário deve assumir plenamente os riscos de sua condição humana: nenhum pode acomodar-se sob o manto da decisão superior; nenhum, quando confrontado, pode responder simplesmente que cumpre ordens. Esse risco não é desprezível: se o funcionário desobedece à ordem que lhe parece ilegal, precisa estar preparado para demonstrar ou fazer com que se demonstre essa ilegalidade, sob pena de sofrer a respectiva sanção administrativa ou penal.

Esse mesmo argumento pode ser transportado para a execução da ordem judicial ilegal (por exemplo, a proferida por juiz incompetente; a que não contém fundamentação; a que ofende o devido processo legal; a que condena alguém à morte ou à tortura): se o juiz não pode, por si mesmo, proferir decisão ilegal, executar decisão ilegal ou executar de modo ilegal uma decisão legal, também não pode utilizar, com esse objetivo, a pessoa de agente público[7].

---

7. Em maio de 2003 o Conselho Federal da Ordem dos Advogados do Brasil homenageou o tratorista baiano Amilton dos Santos, "em reconhecimento ao seu exemplo de coragem, ética e respeito aos direitos humanos". No dia 2 daquele mês, "sob pressão de um oficial de justiça e da polícia militar, o

Assim, o executor é obrigado eticamente, e também juridicamente, a examinar a legalidade da ordem que executa; e obrigado a abster-se de executá-la, se a ordem for ilegal.

Não estou falando aqui da responsabilidade do Estado por atos ilegais dos seus agentes. Essa responsabilidade é objetiva, e independe da culpa dos agentes, seja dos que emitiram a ordem ilegal, seja dos que a executaram. Não é difícil imaginar hipóteses dessa responsabilidade do Estado; é o que acontece com a execução de decisões ilegais liminares, cautelares ou antecipatórias que venham a ser reformadas; com erros judiciários, ou com decisões ilegais transitadas em julgado, que venham a ser revistas ou rescindidas; ou nos casos de anistia e de leis retroativas.

Falo, em primeiro lugar, do encarregado de executar a ordem judicial, seja oficial de justiça, governador ou secretário de Estado. Não há, com relação a qualquer deles, ordem judicial que possam executar sem o respectivo mandado. O mandado é a primeira medida da legalidade; serve tanto ao executor quanto ao executado, e daí a necessidade de contrafé. Ao recebê-lo, deve o executor examinar suas características extrínsecas, como, por exemplo, se está assinado, e se a assinatura é de autoridade judicial.

Às formalidades extrínsecas estão associadas algumas questões que, mesmo sendo de alta indagação, não escapam à esfera jurídica do executor. Por exemplo: a ordem foi emitida por autoridade competente? Sendo nula a decisão proferida por autoridade absolutamente in-

---

tratorista, emocionado, não acionou a retroescavadeira para demolir uma casa no bairro de Palestina, em Salvador, para que fosse feita a reintegração na posse do terreno. Numa das casas moravam sete crianças. Diante da multidão clamando 'pare', Amilton silenciou, chorou, passou mal e acabou preso pela PM por descumprir ordem oficial" (Revista eletrônica *ConJur*, 8.5.2003).

competente, o servidor público deve negar-lhe execução; por isso está autorizado, qualquer que seja sua formação ou nível de instrução, a ir além do mandado, para cotejá-lo com a lei.

Esse juízo – a que se acha humana e profissionalmente obrigado o executor da ordem – ultrapassa o exame das formalidades extrínsecas do mandado e de questões processuais como as indicadas acima: ele se estende ao próprio mérito da decisão, como por exemplo no caso de uma sentença de morte. Nenhum agente público brasileiro, vigente o atual ordenamento, executará sentença de morte, porque sabe não haver, para essa pena, previsão legal. Nenhum jurista sustentará que esse mandado deve ser executado.

As questões que se apresentam ao executor da ordem, com maior ou idêntica razão se apresentam ao executado, autorizado por isso, em tais casos, a resistir à ordem ilegal ou ilegítima[8].

4. Num dos seus livros, o ministro Evandro Lins e Silva conta esta historinha: "Certo dia, numa cidade do interior do Estado do Espírito Santo, caiu no chão, diante de um bar, uma dessas moedas (um tostão, com a imagem de Getúlio Vargas); o níquel começou a correr pela calçada. Um transeunte, tido como hostil ao regime, pisou na moedinha, interrompendo seu percurso. Foi preso incontinenti, por injúria à efígie do presidente da República. Não riam, o processo foi adiante, procurando enxergar no gesto do transeunte uma intenção maldosa

---

8. Sobre sentenças nulas, vejam-se as lições de Pontes de Miranda, em *Dez anos de pareceres*, Rio de Janeiro, Francisco Alves, 1974, vol. 3, p. 144; *Tratado das ações*, São Paulo, *Revista dos Tribunais*, 1973, 4º vol., p. 535; *Comentários ao Código de Processo Civil*, Rio de Janeiro-São Paulo, Forense, 1975, 7º vol., p. 33, e 8º vol., p. 280.

contra o ditador.... o réu foi condenado, e cumpriu pena de um ano de prisão."[9]

No passado era inconcebível qualquer crítica ao governante, considerada criminosa. Hoje, entretanto, o primeiro requisito de legitimidade de um governo é a existência de efetiva liberdade de opinião, e uma das manifestações dessa liberdade é o direito de oposição. Ele compreende o exercício legal dos direitos de opinião, de crítica e de mobilização no sentido de derrotar as propostas do governo, ou mesmo de derrotar o governo, na disputa pelo poder.

Há dois tipos de oposição: a conjuntural, que se faz contra pessoas, grupos ou partidos, por parte daqueles que, concordando com o regime, se reúnem em grupos ou partidos diferentes; b) a estrutural, que se faz contra o próprio regime político.

Em regime democrático é natural que se reconheça não só o direito de discordar eventualmente do governo, mas também o de se agrupar e agir permanentemente em estado de oposição, constituindo aquilo que se costuma designar como *a oposição*. Alguns ordenamentos apenas toleram a existência da oposição, outros a valorizam como elemento do regime, e outros lhe asseguram papel e apoio institucional. Mas não há liberdade de oposição, nem garantia de rotatividade no poder, se na disputa da preferência pública – principalmente no que diz respeito à difusão de suas idéias pelos meios de comunicação e ao financiamento público eleitoral – não se oferecem à oposição condições de competitividade.

Liberdade de oposição só existe onde se assegura com igualdade, a todos, a plena liberdade de opinião e

---

9. Evandro Lins e Silva, *Arca de guardados*, Rio de Janeiro, Civilização Brasileira, 1995, p. 47.

de manifestação, de tal modo que se permita: a) à oposição conjuntural toda a mobilização legal de que seja capaz no sentido de contrapor-se ao governo, de disputar e arrebatar o governo; b) à oposição estrutural toda a mobilização pacífica de que seja capaz no sentido de substituir o regime. Entretanto, é lícito aos governantes no Estado democrático de Direito, em que estejam vigentes os direitos humanos, as liberdades públicas e os direitos fundamentais, reprimir legalmente a oposição extra-institucional, isto é, a que se faz à margem da lei.

Toda oposição é uma forma de resistência contra o governo, mas sob o ponto de vista jurídico há diferença entre oposição e resistência. Tentemos traçar a linha divisória entre uma e outra, assinalando, de início, que a inexistência de direito de oposição justifica o exercício da resistência.

O código penal brasileiro, em seu art. 329, designa como crime de resistência o fato de "opor-se à execução de ato legal, mediante violência ou ameaça a funcionário competente para executá-lo ou a quem lhe esteja prestando auxílio".

A partir dessa definição podemos estabelecer algumas distinções. Na oposição existe manifestação de discordância contra atos de governo, a mobilização contra o governo e a contrariedade, no parlamento ou no judiciário, a atos do governo. Na resistência existe a materialidade de atos que interferem na execução de ações do governo, buscando obstá-las. Há crime, segundo o disposto no art. 329 do código penal, quando essa interferência se faz mediante violência ou ameaça, contra a ação legal do governo. Portanto, não é crime de resistência a interferência passiva contra ação legal do governo; nem é crime de resistência a interferência, ainda que mediante violência ou ameaça, contra ação ilegal do governo.

É possível falar, portanto, num direito de resistência, que corresponde à interferência – que por alguma razão não seja caracterizada legalmente como crime – contra ações ilegais do governo. Alguns ordenamentos reconhecem expressamente direitos de resistência, enquanto outros os reconhecem indireta e parcialmente, seja no tratamento privilegiado do crime político, seja na extensão conferida aos direitos de oposição[10].

A locução "direito de resistência" é utilizada entretanto em dois sentidos diferentes; num primeiro sentido como direito positivado, reconhecido pelo ordenamento jurídico; em outro sentido como direito decorrente dos princípios fundantes do ordenamento jurídico, exercido ainda que fora da lei contra o governo ilegítimo. Há também outra distinção a ser feita, entre o direito individual de resistência e o direito político de resistência.

É justificada a resistência da pessoa violentada por ato de autoridade quando não lhe é dado meio de defesa, ou quando os meios postos ao seu alcance são insuficientes à defesa do seu direito. Esse é *direito individual de resistência*. Com relação a quem resiste, nesse caso, não se pode falar em crime de resistência, desacato, desobediência, *contempt of court* ou lesa-majestade. Além do direito à ampla defesa, cuja violação autoriza a resistência, esta também se justifica quando a autoridade, mesmo invocando a lei, pratica discriminação por motivo de raça, gênero ou cor. Também o objetor de consciência pode negar-se – devido a opção de vida fundada em convicção religiosa, filosófica ou política – a praticar ato exigido pela autoridade, ainda que invocando a lei.

As primeiras Constituições sublinhavam os direitos de resistência e de insurreição. A Constituição de Virginia e a declaração de independência dos Estados Unidos

---

10. Muitos autores tratam do direito de resistência; veja-se uma síntese em Mauro Cappelletti, *O controle judicial de constitucionalidade das leis no Direito comparado*, Porto Alegre, Sergio Antonio Fabris, 1984.

acentuaram, no povo, a faculdade de depor o governo que se desvia das suas finalidades. Chama-se com mais propriedade *direito de resistência*, ou *direito político de resistência*, à liberdade de sublevar-se contra regime ilegítimo. Ainda que o ato do resistente seja capitulado como criminoso perante o ordenamento, em tal caso, à luz dos princípios jurídicos, não pratica ilícito quem resiste contra o opressor; a resistência contra o regime ilegítimo, antes de ser um direito, é dever do cidadão, na verdade direito-dever ou prerrogativa.

A declaração de direitos da Constituição francesa de 1793, repetindo o que já se encontrava no art. 7º. da declaração de 1789, dizia que "todo cidadão, convocado ou detido por autoridade da lei, deve obedecer no mesmo instante; senão, torna-se culpado de resistência" (art. 10); mas acrescentou logo em seguida (art. 11): "É arbitrário e tirânico qualquer ato praticado contra alguém fora dos casos e sem observância das formas determinadas pela lei; aquele contra quem ele se executar pela violência tem o direito de o repelir pela força." A mesma declaração, reiterando o que também se encontrava no art. 7º. da declaração de 1789, determinava: "Os que solicitarem, expedirem, assinarem, executarem ou mandarem executar atos arbitrários incorrerão em falta e deverão ser punidos" (art. 12). "A resistência à opressão é conseqüência dos outros direitos do homem", diz seu art. 33, antes de prosseguir: "Há opressão contra o corpo social quando um só dos seus membros é oprimido. Há opressão contra cada um dos membros quando o corpo social é oprimido" (art. 34). "Sempre que o governo viola os direitos do povo, a insurreição constitui, para o povo e para cada porção do povo, o mais sagrado dos direitos e o mais indispensável dos deveres" (art. 35).

Esses preceitos foram levados ao extremo nessa regra de incrível brutalidade: "Qualquer indivíduo que usurpe a cidadania deve ser imediatamente morto pelos homens livres." Se tomada ao pé da letra, poucos governantes sobreviveriam. Sem querer estabelecer um paralelo entre figuras tão díspares, ela se encontra certamente na motivação, seja do atentado que vitimou o presidente Lincoln, seja do atentado a bomba cometido contra Hitler em 20 de julho de 1944[11].

"Quando os legisladores se esforçam em negar e destruir o que pertence ao povo – escreveu Pontes de Miranda – colocam-se, em relação a ele, em estado de guerra, e, livre do dever de obediência, (ele) tem então o direito de recorrer à força."[12] Por isso a liberdade dos ingleses, dizia Bagehot, "é o resultado de séculos de resistência, mais ou menos legal, menos ou mais ilegal, menos ou mais audaciosa ou menos ou mais tímida, contra o executivo [...]. Costumamos considerar a atuação estatal não como nossa própria atuação, mas como a atuação de um estrangeiro, como uma tirania imposta a partir de fora, não como o resultado consumado da nossa própria vontade organizada"[13].

Aquilo que determinado ordenamento possa reconhecer como direito de oposição, ou mesmo como direito de resistência, jamais terá a radicalidade da *liberdade de resistência*, que envolve insurgência contra o ordenamento ilegítimo, atuação à margem da lei e contra a lei. Nesse caso, o resistente não é responsável pelos danos que cause ao governo, e este é responsável pela reparação dos

---

11. A guerra de secessão, entre o Sul e o Norte (que se identificava com a União), havia terminado. Após alvejar o presidente Lincoln no camarote onde se encontrava no Teatro Ford, em Washington, o assassino John Wilkes Booth saltou para o palco, e antes de fugir bradou "*sic semper tyrannis*" ("isso sempre ocorre com os tiranos", que era o lema do Estado sulista da Virgínia), e mais: "o Sul está vingado".

12. Francisco Cavalcanti Pontes de Miranda, *Introdução à política científica*, Rio de Janeiro, Garnier, 1954, p. 257.

13. Walter Bagehot, *The English Constitution*, Glasgow, Fontana/Collins, 1981, p. 262.

danos, materiais e morais, sofridos pelo insurgente devido à sua própria atuação, tenham ou não sido causados diretamente pelo governo. É de todos – não de um só ou de poucos – o ônus pela atuação no interesse de todos.

Faz-se essa reparação mediante anistia, recondução do resistente, tanto quanto possível, à posição de que desfrutava antes do engajamento na resistência, e indenização dos prejuízos sofridos. Rege o ajuizamento das respectivas ações o princípio da *actio nata*: o prazo da prescrição só se conta a partir do restabelecimento da normalidade institucional, porque na verdade não tem ação quem não a pode exercer eficazmente; só o restabelecimento da normalidade permite ação judicial com chance de êxito e sem que o autor se exponha à repressão[14].

Também pode acontecer que, ao agir, tenha o insurgente ferido direitos individuais de quem defende o regime, ou direitos individuais de terceiro, atingido por ricochete. O governo é responsável pela reparação desses danos. É diversa a situação jurídica daquele que no interesse de todos resiste contra o governo ilegítimo e a de quem presta apoio a esse governo, por adesão consciente, por conformismo, por noção errônea sobre seu dever. Este aliás, embora em graus variáveis, é co-responsável pelos danos infligidos ao resistente.

O direito de resistência pode manifestar-se pacificamente, mediante o que se convencionou denominar *desobediência civil*, e excepcionalmente com o uso da força, se inevitável, proporcionada e producente, conforme ditar a prudência; como espécie de legítima defesa *lato*

---

14. Estatisticamente são poucos que se insurgem contra a tirania. E, tendo arrostado os perigos dessa opção – no horror da repressão e deserto da indiferença –, certamente não são atingidos, depois, pelo chiste dos pusilânimes, dos que, antes, ou não tiveram a mesma coragem ou se amancebaram à sombra da ditadura.

sensu, o direito de resistência só se exerce legitimamente quando observados requisitos semelhantes ao da legítima defesa *stricto sensu*, ainda que se deva, aí, adotar um conceito abstrato de agressão.

Aplicam-se portanto ao direito político de resistência as mesmas exigências tradicionalmente consideradas como necessárias à caracterização da *guerra justa*[15]. Porque ninguém é capaz de medir, no tempo, os desdobramentos da conflagração; porque ninguém tem a força de contê-la depois de desatada; porque a lógica das revoluções acaba induzindo, os pacíficos, à prática da violência que detestam; porque os males que a violência do resistente provoca podem superar, em nocividade, aqueles que combate; porque existe a alternativa da resistência pacífica; porque a prática e a mentalidade da violência retardam o aperfeiçoamento das instituições; porque a história – mestra da vida – também aponta para a paciência como recurso político; por todas essas razões, somente em casos extremos o resistente pode optar pelo uso da força[16].

5. Pode-se falar em legítima defesa quando a opressão não provém do arbítrio, mas da ineficiência do Estado?

Há lugares em que vige uma ineficiência *vegetativa*. Ela não corresponde a um propósito explícito do regime, mas aos seus vícios: a omissão constitucional, a denegação de justiça, que não deixam os direitos fundamentais passarem dos textos para os fatos; a falta de vontade política, os compromissos partidários e de classe, os entraves burocráticos, as diferenças de fortuna, a influência do

---

15. Sobre a noção de guerra justa, veja-se Michael Walzer, *Guerras justas e injustas: uma argumentação moral com exemplos históricos*, São Paulo, Martins Fontes, 2003.

16. No Brasil, são ricas de ensinamentos as décadas de 1920 e 1930, em que grandemente se optou pelo uso da força.

dinheiro e do prestígio, somados a outros fatores culturais e políticos, não permitem que prevaleça o Direito.

A ineficiência vegetativa não se confunde com a ineficiência *programada*. Esta existe, por exemplo, quando o governo costuma implementar, a dano do cidadão, decisões sabidamente inconstitucionais, mas que aplica na medida em que, estatisticamente, é pequeno o número dos que conseguem obstá-las em juízo. Na ineficiência programada a Constituição existe como disfarce, e o sistema é funcionalmente disfuncional (ou disfuncionalmente funcional), isto é, não funciona porque não interessa que funcione. Foi para opor-se à ineficiência programada que a Constituição brasileira de 1988 criou instrumentos como a ação de inconstitucionalidade por omissão, a ação direta de inconstitucionalidade e o mandado de injunção, que viriam a ser parcialmente ou completamente inviabilizados pelo Supremo Tribunal Federal.

Se um governo é tradicionalmente caloteiro, deixando de pagar suas dívidas; se essas dívidas não são pagas prontamente mesmo quando esse governo é condenado em juízo; se ele não admite a compensação dos seus débitos com os créditos legítimos do contribuinte; se ele não cumpre as suas promessas, deixando, por exemplo, de devolver o produto de empréstimos compulsórios; se prorroga no tempo, transformando em definitivos, tributos instituídos provisoriamente; se desvia das suas finalidades a receita desses tributos; se as exigências burocráticas inibem o exercício regular da livre iniciativa; se a sua fiscalização é corrupta, servindo para enriquecer seus agentes; se aqueles que se esforçam para cumprir as exigências burocráticas são mais penalizados do que os demais; se o cidadão não obtém, do judiciário, resposta para esses gravames; se o governo adota descuidada e rotineiramente medidas que o privam de acesso ao crédito, cassando-lhe documentos e inscrevendo-o em cadastros públicos de inadimplentes; se esse mesmo governo deixa de perseguir devidamente em juízo os seus grandes devedores, pergunta-se: no concurso dessas circunstâncias, devemos considerar como caracterizada a ilegitimidade tributária ativa do governo e negar-lhe a adesão do nosso acatamento? São justas em tal conjuntura a informalidade, a elisão fiscal, a fuga às obrigações sem reciprocidade?

Se estivéssemos tratando de relações puramente contratuais entre particulares, a resposta seria afirmativa. O cidadão argüiria aquilo que se costuma designar como "exceção de contrato não cumprido".

A resposta também me parece afirmativa sempre que se configure o estado de necessidade por parte de quem, não possuindo outra saída, deixa de cumprir exigências abusivas. Mas creio que, em tese, esse tipo de defesa, por parte do cidadão, caracterizaria o exercício arbitrário das próprias razões, embora essas circunstâncias devam ser levadas em conta, como atenuantes, em procedimentos do Estado contra o particular.

Todo cidadão é co-responsável pelo aperfeiçoamento dos costumes públicos. Se fosse possível equiparar a insensibilidade burocrática a uma agressão, à qual respondessem moderadamente aquelas condutas, seu emprego enredaria o resistente numa teia de comportamentos moralmente comprometedores: dissimulação, falsidade, fraude, corrupção. Assim, a resposta a essas perguntas será negativa se tivermos em vista o imperativo categórico de Kant: "age unicamente segundo a máxima que possas, ao mesmo tempo, ver erigida como lei universal".

6. É necessária uma palavra sobre o terrorismo, e saber se ele se inclui no direito de resistência.

No *Dicionário Compacto do Direito* assim defini "terrorismo": "criminalidade política violenta e indiscriminada, para intimidar e causar insegurança".

Se considerarmos como terroristas as ações violentas insensíveis ao sacrifício de inocentes, como terroristas serão tidos os ataques indiscriminados contra alvos civis, na guerra declarada, na guerra civil, na sublevação contra o estrangeiro ou contra o governo.

Sob o ponto de vista ético, faz-se necessária uma distinção entre o governo e o particular que pratica o terrorismo. Isso porque, por definição, o Estado não pode agir contrariamente à ordem jurídica que ele mesmo instituiu ou a que adere no plano internacional. Sob esse ponto de vista, o terrorismo é crime de guerra.

Faz-se também necessária uma distinção entre o terrorista que tem a seu lado a força e o terrorista que é oprimido pela força; ambos agem contra a justiça, ainda que, ao segundo, não se tenha deixado alternativa.

7. Resta agora uma referência ao princípio da insubordinabilidade.

Ao examinarmos pouco acima a moralidade, vimos que suas sanções são inexpressas e desproporcionadas. Uma das principais características da norma jurídica, ao contrário, é ser provida de uma sanção específica e proporcionada. Conhecendo previamente qual a sanção a que está sujeito caso deixe de cumprir a norma "x", seu destinatário a considera como uma alternativa de comportamento. Assim, pode preferir infringir a norma, sujeitando-se à respectiva sanção.

Não há pois identidade entre a lei física (que independe de aplicação) e a norma jurídica. O governo não é senhor das vontades, e a obediência absoluta é juridicamente inexigível. Com a norma rompe-se a relação de suserania, irrompe a relação de cidadania. Sendo uma diretiva abstrata de comportamento, seu cumprimento depende do juízo, da consciência e da vontade do destinatário: instaura-se a liberdade.

Diz o art. 412 do código civil brasileiro que "o valor da cominação imposta na cláusula penal não pode exceder o da obrigação principal". Se não houvesse esse limite, o valor da multa, nos contratos, superaria o próprio valor dos contratos; o credor da multa preferiria, em tal caso, que o contrato não fosse cumprido, visto que, nesse caso, receberia um valor bem superior ao normal; a infração contratual, por sua vez, submeteria o devedor a uma obrigação desproporcionada e talvez inexeqüível, comprometendo todo o seu patrimônio. Se não houvesse esse limite, os contratos seriam um instrumento de servidão, e não o encontro de duas liberdades.

Se bem observarmos, veremos que essa é uma característica necessária de toda norma jurídica. Se a norma contiver uma sanção que represente, para seu destinatário, uma constrição absoluta ou extremamente desproporcionada, deixará de ser uma categoria jurídica e reverterá à forma primitiva da moralidade. *Contrario sensu*, não pode ser considerada como jurídica a determinação, ou injunção, cujo objetivo seja colocar, para o destinatário, um obstáculo insuperável.

Com base no princípio da insubordinabilidade é que Galileu, assumindo sua condição humana, e não a de um animal acuado, poderia dizer hoje em voz alta, para todos ouvirem: *eppur si muove*.

O caráter distintivo do Direito moderno, em face do vigente em outras épocas, está no reconhecimento de um limite intransponível à soberania estatal. O Estado pode condenar quem se recusa a prestar informação, manifestar vontade ou praticar um ato determinado; mas não pode estabelecer execução específica dessa condenação, extorquindo do divergente essa informação, essa manifestação de vontade ou a prática desse ato. É com este fundamento que se condena a tortura: a liberdade humana é uma instância tão alta quanto o Estado, ou mais alta que o Estado.

O princípio da insubordinabilidade não significa que no conceito de imperativo – à diferença do que acontece com a lei física – inclui-se um elemento de indeterminação[17]; também não significa que a infração dá ao imperativo a oportunidade de o ser, de tal modo que a experiência das normas consistisse em pôr à prova sua função reguladora[18]. Significa que não é absoluta a obrigação de obedecer à lei, e que a coercibilidade estatal encontra limites na liberdade da pessoa humana, como primeiro se verificou na doutrina do Direito penal[19], e se intuiu tanto na sociologia jurídica[20] quanto na filosofia do Direito[21].

---

17. Ver Immanuel Kant, *Fundamentação à metafísica dos costumes*, São Paulo, Companhia Editora Nacional, 1964, p. 29.

18. Ver Georges Canguillem, *Le normal et le pathologique*, cit. cf. edição brasileira, *O normal e o patológico*, Rio de Janeiro, Forense Universitária, 1978, p. 214.

19. Ver Nilo Batista, *Introdução crítica ao Direito penal brasileiro*, 4.ª ed., Rio de Janeiro, Revan, 1999, p. 108.

20. Ver Jean Carbonnier, *Sociologie juridique*, cit. cf. edição portuguesa, *Sociologia jurídica*, Coimbra, Almedina, 1989, pp. 198-9.

21. Ver Eduardo García Máynez: "Enquanto expressão de deveres, as normas dirigem-se a seres capazes de as cumprirem ou violar. O suposto filosófico em que descansam é a existência da liberdade. Se o indivíduo não pudesse deixar de fazer o que prescrevem, não seriam normas genuínas, mas leis naturais" (*Ética*, México, Porrúa, 1989, p. 21; *Filosofía del Derecho*, México, Porrúa, 1989, pp. 43-4). O direito deixa seus destinatários livres, "seja para considerar as normas apenas como uma restrição efetiva de seu espaço de ação e portar-se estrategicamente em face das conseqüências previsíveis de uma possível violação das regras, seja para querer cumprir as leis em uma atitude performativa" (Jürgen Habermas, *Die Einbeziehung des Anderes – Studien zur politischen Theorie*, cit. cf. edição brasileira, *A inclusão do outro – estudos de teoria política*, São Paulo, Loyola, 2002, p. 287). Ver também Joseph Raz, "Autoridad y consentimiento", in Eugenio Bulygin *et alii*, *El lenguaje del Derecho*, Buenos Aires, Abeledo Perrot, s/d, pp. 391-424.

XII. Justiça e solidariedade

Uma das principais finalidades da República Federativa do Brasil, diz o art. 3º da CB 88, é construir uma sociedade livre, justa e solidária. Independentemente de qualquer outra consideração, daí decorre que gozam do favor constitucional os atos de solidariedade e os que tendem a fomentá-la; *contrario sensu*, têm sua desestima atos que, mesmo no exercício do próprio direito, ferem a solidariedade[1].

Nos textos jurídicos encontram-se indagações sobre o que seja uma sociedade livre e justa, e sobre o necessário para edificá-la; porém mais raros são os estudos a respeito do que seja uma sociedade solidária, e do que seja preciso para construí-la[2].

Nos discursos dos políticos, quando em campanha eleitoral, freqüentemente se faz referência à construção de uma sociedade justa e solidária, aqui e ali trocando-se "solidária" por "fraterna"; mas essa sociedade solidária,

---

1. Sobre abuso do direito veja-se Sérgio Sérvulo da Cunha, *Fundamentos de Direito constitucional*, São Paulo, Saraiva, 2004, 1º vol., pp. 266-7.
2. Veja-se, por exemplo, François Ewald, *L'État providence*, Paris, Bernard Grasset, 1985. José Fernando de Castro Farias (*A origem do direito de solidariedade*, Rio de Janeiro, Renovar, 1998) menciona principalmente os solidaristas Duguit, Hauriou e Gurvitch.

de que se fala sempre com a linguagem dos poetas, visualiza-se no reino da utopia. Das três grandes finalidades da Revolução, a liberdade e a igualdade – ainda que não alcançadas plenamente na sociedade burguesa – incluem-se nas normas jurídicas e nos cálculos dos políticos, legisladores e juristas; mas, na prática, costuma-se ter a fraternidade como algo alheio aos negócios, e impermeável à disciplina pelo Direito. Assim, faltando projetos – à parte os pródigos em desejos – sobre a instituição de uma sociedade solidária, tende a esvaziar-se a disposição constitucional.

É de admirar que, sendo objeto de indagação de todas as ciências sociais – a começar da ecologia, principalmente sob a forma de cooperação –, a solidariedade pouco e mal se apresente ao jurista. Como é com ela, e através dela, que se percebe o fio da evolução, este é sinal da incipiência do Direito e da respectiva ciência. Pode-se falar em vida animal sem falar em sociedade animal: o isolamento dos grandes predadores – unidos apenas eventualmente, para caçar ou reproduzir-se – mostra a sociedade animal como uma necessidade da segurança. Mas não se pode falar em vida humana sem falar em sociedade humana, e sua argamassa é a solidariedade, que pode se apresentar em variados níveis.

Dentre todas as crias, a do homem é a mais indefesa, a mais dependente, e a que mais tempo demora para emancipar-se da tutela materna. Dentre todos os animais, o homem é o mais gregário. Inexiste vida humana, linguagem, pensar, saber e fazer humano fora do grupo. Pode-se falar em sociedade animal sem falar em cultura animal. Mas tudo que se define como cultura faz parte da solidariedade – participação na vida comum –, uma solidariedade assemelhada de início ao instinto, insciente de si (*habitus*), ou uma solidariedade que, a começar da linguagem, se alimenta cientemente nas fontes comuns do viver, as quais se aplica em reproduzir.

Excetuados seus sinais físicos particulares, é difícil distinguir, no indivíduo como tal, o que seja exclusivamente dele. Se assim é, como foi possível definir a justiça como sendo "dar a cada um o que é seu"?

Tendo nascido no momento em que o indivíduo se segrega do grupo, o Direito e a ética moldaram-se sob o signo do individual. Entretanto, o indivíduo não existe. Robinson Crusoe já era Robinson Crusoe quando chegou à sua ilha deserta, e Mogli, abandonado na selva quando criança, é incapaz de aprendizado humano. A pessoa sim é ponto de intersecção, a mescla indissolúvel de individual e social; na sociedade primitiva, extremamente solidária, a indiferenciação do grupo oclui a pessoa, e o que se aponta como Direito se confunde com as funções da ecologia animal.

Para alguns, a sociedade não reclama outro tipo de solidariedade senão a mecânica, que opera instintiva e invisivelmente. Essa opinião, porém, não resiste à menor análise. O homem é um ser cultural, que busca a razão de ser das coisas e transforma todas as coisas – inclusive a si mesmo – pelo trabalho, em busca do melhor. Como deixar a sociedade em estado bruto, à parte da criação? Solidária é a sociedade que abarca a natureza e os fins da pessoa humana.

Deve-se a Durkheim, em seu estudo sobre a divisão do trabalho social, a distinção entre dois tipos de solidariedade, que designou como solidariedade mecânica (por adjunção) e solidariedade orgânica. Na primeira, nos grupos em que é diminuta a divisão do trabalho social, predomina um Direito de tipo repressivo. A divisão do trabalho – que devido à maior diferenciação e especialização aparenta diminuição de coalescência social – gera, pela interdependência, relações de cooperação, manifestadas principalmente no Direito negocial[3].

Solidário é o que está junto de outro, e isso bem se observa na solidariedade ativa ou passiva do Direito das obrigações. Solidários são os condôminos e os sócios, que se situam um ao lado do outro em seus direitos e obrigações; entretanto, tal solidariedade opera com relação a terceiros, e não nas suas relações recíprocas, marcadas pela estrita comutatividade.

Excetuado o Direito de família, edificou-se o Direito privado sobre o princípio da comutatividade: as relações civis funcionam como um êmbolo: *do ut des*[4]. Considera-se, portanto, como justo dar a cada um segundo a sua capacidade. Se uma das partes deixou de prestar o correspondente à sua obrigação – por exemplo, se o inquilino deixou de pagar o aluguel –, instaura-se um processo (lide ou litígio) em tudo assemelhado a uma disputa, e o juiz decreta-lhe o despejo, sem indagar se está doente ou desempregado. Se o empresário tem um título protestado, requer-se sua falência, independentemente de estar atravessando uma crise de liquidez. A responsabilidade é cada vez mais objetiva, e o princípio da eficiência alça-se sobre os demais, tornando-se soberano. Nesse universo maquínico tornam-se indiferentes o nome, as dificuldades das pessoas e tudo que as caracteriza como seres humanos: em seu lugar pode-se pôr um RG, um CPF ou mesmo um número tatuado no pulso[5].

---

3. Émile Durkheim, *De la division du travail social*, 9ª ed., Paris, Presses Universitaires de France, 1973, *passim*.

4. Só existe comutatividade, entretanto, na medida em que existe direito subjetivo. Por isso Duguit vai mais fundo, e enxerga as causas do individualismo na noção e na prática dos direitos subjetivos. Veja-se a exposição sobre sua doutrina que faz José Fernando de Castro Farias (ob. cit., *passim*).

5. Seria equivocado, entretanto, pensar que os atos de exclusão são característicos da economia moderna; é econômica a razão pela qual a sociedade primitiva pratica o infanticídio, e em muitos casos costuma eliminar o recém-nascido, o deficiente ou o idoso.

Em Direito civil encontram-se figuras de proteção aos mais fracos (como a lesão enorme, a onerosidade excessiva), e também em Direito processual civil (como a impenhorabilidade do bem de família e as que buscam igualizar as armas dos litigantes). Entretanto, embora possam ter sido inspiradas por um sentimento de solidariedade, o que buscam é a melhor realização da justiça. Foi sob essa perspectiva que do Direito civil se desprenderam o Direito do trabalho e o Direito do consumidor.

Solidariedade, porém, é mais do que a figura de Direito das obrigações, há pouco referida: significa estar ao lado do outro, para ajudá-lo na sua necessidade. Em seus níveis mais elevados – em que ressaltam a espontaneidade, o afeto e a caridade – a solidariedade não admite quantificação ou medida; é doação, renúncia, sacrifício. Isso impede que o ato solidário seja objeto de uma exigência jurídica, e nos faz crer, mais do que numa simples distinção, numa verdadeira antinomia entre justiça e solidariedade[6]. Note-se como é impossível colocar, sob os estritos critérios jurídicos, toda a capilaridade da vida em família. Não sendo exigível, a solidariedade não tem regras: tem conselhos, recomendações. Ao ceder o lugar no metrô a uma senhora, você está praticando a gentileza; se o cede a um idoso ou a uma gestante, está praticando a solidariedade; mas, se a companhia do metrô reservou assentos exclusivamente para idosos e gestantes, esse ato de solidariedade tornou-se exigível, juridificou-se.

Por isso, existem atos de extrema solidariedade que podem ser juridicamente exigíveis. É no Direito público

---

6. É o que transparece na parábola dos trabalhadores na vinha (Mateus 20, 1-15). No reino de Deus a justiça é complemento da solidariedade, e não a solidariedade complemento da justiça. A justiça é fria, a solidariedade é calorosa. Para lá da justiça (valor correspondente à medida do bom) está a solidariedade como expressão do amor (o bem sem medida).

que melhor se observa essa exigibilidade, ao menos no sentido das solidariedades mecânica e orgânica, tal como concebidas por Durkheim. Note-se por exemplo o crime de omissão de socorro. Se, em Direito civil, o exigível dos cônjuges um em relação ao outro, ou dos pais com relação aos filhos, não ultrapassa aquilo que se pode designar como o "mínimo ético", observa-se ao contrário, em tempo de guerra, que o Direito público espera do conscrito um "máximo ético", atos situados no nível mais elevado de solidariedade, como o de expor a própria vida para o bem de todos[7].

A muitos parece injusta a divisa "a cada um segundo a sua necessidade"[8], que pode abrigar um incentivo à preguiça, ao ócio e à ineficiência. Mas ela costuma ser aplicada com relação às crianças, mesmo num contexto de estrita disciplina. Isso acontece no meio familiar e se estende ao conjunto da sociedade na medida em que esta assume as obrigações de instrução e de assistência aos menores; e se acontece com relação aos menores pode vir a acontecer, também, quanto a todos que se encontram em situação de desvantagem, permanente ou temporária: os idosos, os deficientes, os valetudinários, os desempregados.

Da riqueza depende em grande parte a qualidade de vida de uma sociedade, mas não a justiça e a solidariedade; estas se fazem ao nível do existente, conforme o

---

7. Segundo Canotilho, não há que falar em "deveres fundamentais" correlatos aos direitos fundamentais: "Vale aqui o princípio da assinalagmaticidade ou da assimetria entre direitos e deveres fundamentais, entendendo-se mesmo ser a assimetria entre direitos e deveres uma condição necessária de um 'estado de liberdade'" (J. J. Gomes Canotilho, *Direito constitucional e teoria da Constituição*, 7.ª ed., Coimbra, Almedina, 2003, p. 533).

8. Em Direito tributário o princípio capacitário é princípio constitucional explícito (ver a Constituição brasileira de 1988, art. 145-§1º), não obstante seja imperfeitamente aplicado no plano infraconstitucional nos três níveis federativos.

estado geral de bem-estar: de modo que pode existir justiça e solidariedade na inópia. Mas, havendo disponibilidade, a solidariedade manda que se dê a cada um segundo a sua necessidade: na sociedade moderna, independentemente da causa de sua carência econômica, a ninguém pode faltar o necessário à sobrevivência. Se considerarmos isso como justo passamos a adotar um conceito alargado de justiça, à qual incorporamos elementos de solidariedade. Em resumo: na sociedade assim concebida inexiste miserabilidade, e para evitá-la criam-se figuras como o seguro-desemprego, a renda mínima, a tarifa social (isenção de pagamento de contas de água, gás, luz e telefone aquém de determinado limite). A miséria de alguns não admite que outros entesourem, que acima do seu socorro se estabeleçam outras prioridades, que se sacrifiquem necessidades vitais imediatas para atender a necessidades futuras de produção.

Quando se inventou a proteção contra o imprevisto, as intempéries, o risco, também as mutualidades e os seguros se modelaram na fôrma comutativa: as indenizações, aí, são contraprestações aos prêmios acumulados. Com o mesmo critério também se modelaram a previdência privada e em grande parte a previdência pública. A idéia de seguridade social, porém, contrapõe-se à de contratualidade; diz o art. 203 da Constituição brasileira de 1988: "A assistência social será prestada a quem dela necessitar, independentemente de contribuição à seguridade social, e tem por objetivos: I – a proteção à família, à maternidade, à infância, à adolescência e à velhice; II – o amparo às crianças e adolescentes carentes; III – a promoção da integração ao mercado de trabalho; IV – a habilitação e reabilitação das pessoas portadoras de deficiência e a promoção de sua integração à vida comunitária; V – a garantia de um salário mínimo de benefício mensal à pessoa portadora de deficiência e ao idoso que comprovem não possuir meios de prover à própria manutenção ou de tê-la provida por sua família, conforme dispuser a lei."

"As ações governamentais na área da assistência social" – reza o art. 204 – "serão realizadas com recursos do orçamento da seguridade social, previstos no art. 195, além de outras fontes [...]." O art. 195, a seu turno, estabelece que "a seguridade social será financiada por toda a sociedade, de forma direta e indireta, nos termos da lei, mediante recursos provenientes do orçamento da União, dos Estados, do Distrito Federal e dos Municípios", além de contribuições sociais a) do empregador, da empresa e da entidade a ela equiparada na forma da lei; b) do trabalhador e dos demais segurados da previdência social; c) do importador de bens ou serviços do exterior, ou de quem a lei a ele equiparar; e d) incidentes sobre a receita de concursos de prognósticos.

A assistência vai além das formas de cooperação gregária designadas por Durkheim como "solidariedade mecânica" e "solidariedade orgânica". Não se pense em condená-la por não ser o melhor, por compreender um lado ativo e outro lado passivo (isso também acontece na família, onde o pai e notadamente a mãe são a parte ativa e os menores são a parte passiva). Mesmo porque, na vida, todas as pessoas já foram assistidas, ou provavelmente virão a ser; e também porque, em termos de saúde, segurança, eficiência e cultura, a miséria custa mais do que a assistência.

Logo, a construção de uma sociedade solidária implica no mínimo o estabelecimento de alternativas ou complementos à comutatividade, assim, por exemplo, a) fundos de socorro ao devedor moroso para atender a situações de emergência como moléstia, desemprego ou iliquidez; b) uma concepção de livre-iniciativa em que o tributarismo e a burocracia não sufoquem os pequenos negócios em seu nascedouro.

O economista chileno Luis Razeto propõe que a solidariedade não se estabeleça apenas com os resultados da atividade econômica, e se estenda a todas as suas fases; por isso, preocupa-se em saber como se pode produzir, distribuir, consumir e acumular solidariamente[9]. Para alcançarmos essa meta faz-se necessária uma nova racionalidade, que já se observa, por exemplo, com as leis ou práticas de inserção do deficiente na atividade produtiva.

Todas essas providências, ou propostas, agrupam-se sob a denominação geral de "reformistas". Entre elas alinha-se, por exemplo, a função social do contrato (código civil brasileiro, art. 421), e aquilo que designo como "propriedade social".

A respeito do que seja a função social do contrato, uma primeira e tímida proposta parece querer confiná-la à simples constatação de que todo contrato "realiza dentro das suas relações privadas um pouco da ordem jurídica total". Uma outra proposta consiste em considerar a função social não como algo que integra a essência do contrato, mas como um constrangimento externo, que verga a vontade das partes. Em ambas as teses transparece a perspectiva libertariana, comum a várias hipóteses assemelhadas à da "mão invisível", infecunda sob o ponto de vista hermenêutico, divorciada da consideração das necessidades, dos fatos e da jurisprudência que afinal encontraram expressão adequada na nova norma.

Uma terceira proposta, de maior autoridade científica, tem síntese na seguinte fórmula: "A *fattispecie* de

---

9. Luis Razeto Migliaro, *Los caminos de la economía de solidaridad*, Santiago, Vivarium, 1993, pp. 14-5.

aplicação do princípio da função social do contrato deve ser caracterizada sempre que o contrato puder afetar de alguma forma interesses institucionais externos a ele. Não se caracteriza portanto a *fattispecie* nas relações contratuais internas (i.e. entre as partes do contrato)."[10] Essa tese, obediente a uma lógica da polaridade, seria aceitável caso se admitisse a existência de um conflito entre os interesses individuais lícitos e os interesses institucionais, isto é, caso se assumisse o desvio histórico consistente em se colocar de um lado a chamada sociedade civil, e de outro a figura hipostasiada do Estado como detentor de interesses próprios, originariamente autônomos.

A pista para compreender a função social do contrato, no ordenamento jurídico brasileiro, acha-se no capítulo sobre os princípios gerais da atividade econômica, inscrito na Constituição brasileira de 1988.

É dupla a face sob a qual se apresentam os contratos. A primeira o contrato visto como categoria adequada à consecução de determinados fins individuais e sociais, e a segunda o contrato considerado em sua concreta individualidade, na medida em que as partes, tendo em vista a produção dos respectivos efeitos, elegem e reproduzem aquela categoria. Na primeira, manifestam-se os interesses institucionais como suporte para a exteriorização dos interesses individuais lícitos; desde a Constituição brasileira de 1988, e independentemente da dicção do art. 421 do novo código civil, a função social já integrava a categoria[11]. Na segunda, a função social concretiza-se mediante princípios, regras e normas pertinentes à

---

10. Calixto Salomão Filho, "Função social do contrato: primeiras anotações", *Revista dos Tribunais*, 823/67.
11. Diz o art. 421 do código civil brasileiro (lei 10.406, de 10.1.2002): "A liberdade de contratar será exercida em razão e nos limites da função social do contrato."

formação, à interpretação e à execução do contrato, e invocáveis pelas respectivas partes.

Quanto à propriedade, afirma a Constituição brasileira de 1988, em seu art. 5º-XXIII, que "atenderá à sua função social". O que se entende por função social da propriedade vem sintetizado no art. 1.228 do código civil (lei 10.406, de 10.1.2002): "[...] § 1º – O direito de propriedade deve ser exercido em consonância com as suas finalidades econômicas e sociais e de modo que sejam preservados, de conformidade com o estabelecido em lei especial, a flora, a fauna, as belezas naturais, o equilíbrio ecológico e o patrimônio histórico e artístico, bem como evitada a poluição do ar e das águas. § 2º – São defesos os atos que não trazem ao proprietário qualquer comodidade, ou utilidade, e sejam animados pela intenção de prejudicar outrem."

Entretanto, os arts. 216 e 225 da Constituição brasileira de 1988 são paradigmáticos quanto ao que designo como "propriedade social"[12]. Esta não é a propriedade coletiva nem a propriedade pública; também não é a propriedade individual com suas limitações, da qual se pode exigir, em determinadas circunstâncias, o cumprimento de certas funções públicas, como defluía, por exemplo, do art. 153 da Constituição de Weimar ("a propriedade obriga"). Propriedade social é aquela em que o exercício dos poderes do proprietário subordina-se a um regime de gestão pública; a esse regime não são estranhos os con-

---

12. Diz o art. 216, *caput,* da Constituição brasileira de 1988: "Constituem patrimônio cultural brasileiro os bens de natureza material e imaterial, tomados individualmente ou em conjunto, portadores de referência à identidade, à ação, à memória dos diferentes grupos formadores da sociedade brasileira, nos quais se incluem [...]." E, por sua vez, o art. 225, *caput*: "Todos têm direito ao meio ambiente ecologicamente equilibrado, bem de uso comum do povo e essencial à sadia qualidade de vida, impondo-se ao Poder Público e à coletividade o dever de defendê-lo e preservá-lo para as presentes e futuras gerações."

ceitos de compartilhamento[13], de concessão e de "domínio eminente"; daí decorre que o direito do proprietário não é perpétuo, mas resolúvel, como já se vê, hoje, em algumas disposições sancionatórias.

Outras propostas porém, mais do que reformas tópicas, compreendem mudanças estruturais no ordenamento jurídico e no respectivo sistema de poder. Duguit, por exemplo, em sua crítica, vai além da comutatividade, ao condenar os direitos subjetivos, de cuja existência ela depende[14]. Já o comunismo, sabidamente, propõe a supressão da propriedade privada, o que também acarretaria modificações substanciais no regime dos contratos. Seu erro mais flagrante – parece – consiste em superdimensionar o Direito, e, na seqüência, resumi-lo ao Direito público. A crítica ao socialismo, por sua vez, aponta sua inabilidade para estabelecer um regime produtivo próprio (seja por falta de incentivos, seja por incompatibilidade teórica).

Como vimos, existem graus na solidariedade; em seu grau máximo, que se liga ao sentimento de solidariedade, ela é expressão da caridade. Instaurar uma sociedade solidária consiste em edificá-la analogamente à família, em que o critério de pertinência é o de adscrição, e não o de eficiência ou produtividade[15]. Em comunidades de bairro e de igrejas, em movimentos de cooperação, e mes-

---

13. Aponta Calixto Salomão Filho: "Ter acesso necessário a determinados tipos de bens implica limitar o uso do proprietário, que deve compartilhá-lo com os demais (potenciais) concorrentes" (*Regulação da atividade econômica*, São Paulo, Malheiros, 2001, p. 65).

14. Veja-se a exposição sobre sua doutrina que faz José Fernando de Castro Farias (ob. cit., *passim*).

15. É pelo critério da adscrição que uma pessoa tem lugar garantido numa família pelo simples fato de haver nascido nela. Ao contrário, é pelo critério de desempenho, ou eficiência, que uma pessoa é admitida e mantida numa empresa (ver Talcott Parsons, *The Social System*, New York, The Free Press, 1964, pp. 88 ss.).

mo em grupos profissionais, encontram-se práticas solidárias assemelhadas às familiares. Seria totalitária, entretanto, a organização ou o Estado que se pusesse a cobrar afeto; este ou se dá espontaneamente, ou não se dá.

A adscrição supõe o reconhecimento e, mais importante, o sentimento de pertinência. Este faz que se receba a dádiva não como um direito, mas como parte de uma relação natural, cuja característica é a reciprocidade sem a exigibilidade, as trocas sem medida, contabilidade e cobrança. Por isso a solidariedade vai além da assistência, porque nela ninguém se considera provedor ou assistido, sendo permanentemente transitivas as respectivas posições: cada um dá o que pode dar, não porque tem o dever de dar, mas porque deseja dar. Isso é possível, e é o que se observa numa equipe esportiva bem organizada. Nela há membros que produzem mais, mas a relação de solidariedade se estabelece a partir do momento em que todos se consideram iguais tanto na sua pertinência à equipe quanto em seu esforço no sentido de dar o máximo que podem.

Isso significa reconhecer o papel da ética nas relações sociais; que é possível estabelecer esferas e tradições de confiabilidade; e que, não obstante as expectativas nem sempre se confirmem, é possível fixar um outro padrão realista de convivência, que não seja baseado exclusivamente no receio da transgressão. Não é preciso esperar pela guerra, cataclismas e calamidades, para que se faça essa descoberta e nos identifiquemos vendo, no estranho, o semelhante, o companheiro, o próximo, o irmão; na sociedade humana ninguém é auto-suficiente, e todos esperamos permanentemente, por parte do outro, esse tipo de olhar.

Na sociedade moderna constituem obstáculos culturais à edificação de uma sociedade solidária: o individualismo (que é regra na competição econômica) e as atribuições primárias do que seja meu, teu e nosso; a presunção do Direito burguês de que todas as pessoas são abstratamente iguais; no Brasil, também o sentimento atávico de que uma pessoa (o rico, o remediado, o instruído, o portador de diploma, o titular da conta bancária, o dono do apartamento) é superior à outra (o pobre, o trabalhador, o analfabeto, o favelado, o excluído); um modelo cultural escravagista é mais difícil de reverter do que um modelo econômico escravagista, porque, nele, as práticas econômicas escravagistas são justificadas pelas crenças e instituições. Mas o principal obstáculo é a restrição da convivencialidade, a partir da ausência materna, da diminuição do grupo familiar e da agressividade da vida urbana.

O sentimento de solidariedade, espontâneo quando seu objeto é o igual, tem contrapartida psicológica no sentimento de rejeição, dirigido a quem é diferente. É grande o papel do Direito, portanto, ao mostrar que, não obstante nossas diferenças, todos somos iguais, como seres humanos. Paulo – conhecido como o apóstolo dos gentios – costuma ser apontado como universalizador do cristianismo. Entretanto, antes dele, já se estabelecera quase que normativamente esse caráter, a partir do episódio narrado nos capítulos 10 e 11 dos "Atos dos apóstolos": justificando-se por haver pregado na casa de um centurião romano, Pedro narra a visão que tivera em Jope, ao fim da qual lhe disse a voz vinda do céu: "Ao que Deus purificou não chames de profano"; e relembra, por fim, as palavras de Jesus Cristo quanto à universalidade do batismo.

A construção dos nacionalismos (com dose grande de artificialidade) mostrou que é possível transferir a substância primária da solidariedade (a simpatia por similaridade) para grupos maiores, sem outra identificação que não a política. O Direito constitucional, agora, aponta para a construção de pluralismos sem particularismos, ou seja, para uma ética da universalidade.

XIII. Justiça evangélica

> Dar a cada um apenas o que lhe é devido é dar-lhe menos do que lhe é devido.

Meu propósito, neste último capítulo, é examinar a justiça tal como vem tratada nos quatro evangelhos canônicos (Mateus, Marcos, Lucas, João).

Ao iniciar essa tarefa, ela me parece mais difícil do que antes imaginava, por vários motivos. Podemos abordá-la, por hipótese, a partir de todas as passagens em que aí se utilizam os termos "justiça", "injustiça", e correlatos como "justo", "injusto", "julgamento". Entretanto, desde sua redação primitiva, os evangelhos passaram por tantas versões e traduções que esse critério – já de si insuficiente pela sua literalidade – mostra-se bastante insatisfatório.

Dou exemplo: ao encontrar pela segunda vez o termo "justiça", na versão que tomo como referência, percebo que ele não aparece na passagem correspondente de outra versão, utilizada comparativamente. Em Mateus 6, 1, leio: "Guardai-vos de praticar a vossa justiça diante dos homens, para serdes vistos por eles." Mas na outra versão está escrito: "Abstende-vos de praticar vossas boas obras diante dos homens, com intenção de serdes vistos por eles." Em João 7, 18, leio: "Quem fala por si mesmo procura sua própria glória. Mas aquele que procura a glória de quem o enviou é verdadeiro, e nele não há injustiça." Mas na outra versão está escrito: "[...] Aquele, porém, que procura a glória de quem o enviou, esse fala a verdade e não há nele *impostura*" (grifei).

Tudo bem, pode ser que a segunda versão busque o melhor sentido das coisas, na medida em que o conteúdo da justiça se entenda aqui como as boas obras, e ali como a adstrição à verdade. Mas quem a ler não ficará sabendo que aqui se falou de justiça como sendo as boas obras, e ali se falou de justiça como sendo a veridicidade. Isso nos levaria talvez a pesquisar na vulgata, ou nas primeiras edições em grego, para ver como estão redigidas essas passagens; parece-me, contudo, impossível exigir que o leitor dos evangelhos se transforme num especialista, num arqueólogo da interpretação (somente o computador quer que seus usuários sejam especialistas; ao contrário do que acontece com um automóvel, que até eu consigo dirigir).

Outra dificuldade que se apresenta é a ambigüidade, quando não a contradição de alguns textos evangélicos. Leio, por exemplo, em Marcos (9, 39): "Quem não está contra nós, é por nós"; o que também se encontra em Lucas (9, 50). Mas, em seguida, leio no próprio Lucas (11, 23): "Quem não está comigo está contra mim; quem não junta comigo desperdiça."

Daí encontrarmos tantas interpretações, às vezes antagônicas, dos textos evangélicos, e até mesmo algumas belicosas. Acontece aqui o que acontece com toda interpretação: ao ler, na verdade nós nos lemos.

Mais do que às contradições, parece que devemos ficar atentos aos paradoxos, que permeiam todo o texto, como parte intencional da pedagogia evangélica.

Creio que essas dificuldades, e outras da mesma natureza, devem ser deixadas entre parênteses; basta ao leitor comum, que não é lingüista ou hermeneuta, o cuidado de usar uma boa versão, e fazer como se vê no próprio evangelho: "A boca fala da abundância do coração.

O homem bom tira boas coisas do seu bom tesouro" (Mt 12, 34-35). Façamos como aquele que, tendo ganhado um carro, em vez de estudá-lo prefere experimentar, andando, se a máquina é mesmo boa.

Se assim fazemos, encontramos nos próprios evangelhos alguns conselhos quanto à sua leitura. Para compreender, é preciso possuir a disposição de compreender. Isso porém não acontece com quem fechou ouvidos e olhos de modo a não enxergar nem ouvir, e tornou seu coração insensível (Mt 14, 14-15); esses preferem as trevas à luz, porque suas obras são más (Jo 3,19). "Todo aquele que pratica o mal, odeia a luz e não vem para a luz, para que suas obras não sejam desmascaradas. Mas aquele que procede de acordo com a verdade chega-se para a luz, a fim de que sejam manifestadas suas obras" (Jo 3, 20).

Entretanto, Jesus Cristo não os julga, porque a ninguém julga (Jo 8,15). "Se alguém ouvir minhas palavras e não as guardar, eu não o julgo, porque não vim para julgar o mundo, mas para salvar o mundo. O que me despreza e não recebe minhas palavras já tem quem o julgue, a palavra que eu anunciei, esta o julgará no último dia" (Jo 12, 47).

Por isso, quando os servos perguntam, ao dono do campo, se devem arrancar o joio que nasceu no meio do trigo, o dono diz que não, "porque ao colher o joio talvez aconteça que arranqueis juntamente com ele o trigo. Deixai que ambos cresçam juntos até a ocasião da colheita" (Mt 13, 28-30). O Pai "faz nascer o seu sol sobre maus e bons e vir chuva sobre justos e injustos" (Mt 5, 45). Quando Tiago e João querem que venha o fogo do céu sobre os samaritanos, por não terem recebido Jesus, este os repreende (Lc 9, 53).

Contudo, "o príncipe deste mundo já está julgado" (Jo 16,11). Às vésperas de sua paixão, diz Jesus: "É agora o julgamento deste mundo" (Jo 12, 31).

São dois os julgamentos em que aparece Jesus Cristo: esse em que figura como réu, mas no qual, na verdade, são julgados o mundo e seu príncipe. E o julgamento final, onde vem sobre as nuvens, com grande poder e glória, sentado no trono da sua majestade (Mt 19, 28; 25, 31-34; Mc 13, 26).

Esse porém é um julgamento *sui generis*, pois já houve a condenação: "Nisto está a condenação: a luz veio ao mundo, e os homens preferiram as trevas à luz, porque suas obras eram más" (Jo 3, 19).

De fato, os justos não vão a julgamento: "Quem ouve a minha palavra e crê naquele que me enviou, tem a vida eterna e não vem a julgamento, mas passou da morte para a vida" (Jo 5, 24-25).

Ao contrário, os que praticaram a iniqüidade (Lc 13, 27) também já estão julgados, pela palavra – "Quem me despreza e não recebe minhas palavras tem quem o julgue. A própria palavra que eu preguei o julgará no último dia" (Jo 12, 48) – e segundo a própria medida: "Vós sereis medidos com a medida que usardes para medir os outros" (Mc 4, 24; Lc 6, 38).

Esse julgamento é assim descrito: "Dirá então o Rei àqueles que estiverem à sua direita: Vinde, benditos de meu Pai, tomai posse do Reino que vos está preparado desde a criação do mundo. Porque tive fome e me destes de comer; tive sede e me destes de beber; estive desabrigado e me acolhestes; nu, e me vestistes; estive no cárcere e viestes ver-me" (Mt 25, 34-36).

Aos demais dirá: "Afastai-vos de mim, todos que praticais a iniqüidade" (Lc 13, 27). "Tive fome e não me destes de comer; tive sede e não me destes de beber; estive desabrigado, e não me acolhestes; nu, e não me vestistes; enfermo e no cárcere e não me visitastes. Também estes lhe perguntarão: Senhor, quando foi que vos vimos com fome, ou com sede, ou desabrigado, ou nu, ou enfermo, ou no cárcere, e não vos prestamos assistência? Ele lhes responderá: em verdade, em verdade vos digo, todas as vezes que deixastes de fazer isso a um desses mais pequeninos, foi a mim que o deixastes de fazer" (Mt 25, 42-45).

É portanto um julgamento retributivo (de recompensa e punição) o que ocorre no chamado "dia da regeneração", e segundo o que sempre se considerou um preceito fundamental da ética: "Tudo o que quiserdes que os homens vos façam, fazei-o também vós a eles" (Mt 7, 12; Lc 6, 31)[1].

A palavra que os julga é também toda aquela que os homens tenham dito: "De qualquer palavra ociosa que tenham proferido os homens, darão conta dela no dia do juízo. Porque pelas tuas palavras serás justificado, e pelas tuas palavras serás condenado" (Mt 12, 36). "Todo aquele que se irar contra seu irmão será réu em juízo. O que chamar seu irmão de imbecil será réu no conselho. O que lhe chamar louco será réu da geena de fogo" (Mt 5, 22).

Somos, por isso, advertidos para não julgarmos. Esse não é o juízo em que se aproxima um sujeito do predicado, mas aquele em que menosprezamos ou condenamos alguém: "Sede misericordiosos, como vosso Pai é misericordioso. Não julgueis, e não sereis julgados. Não condeneis, e não sereis condenados. Perdoai, e sereis perdoados" (Lc 6, 36-37; Mt 7, 1).

Também somos advertidos, por isso, a não julgarmos segundo a carne (Jo 8, 15): "Não julgueis pela aparência,

---

1. Esse preceito, seja na sua forma positiva, como acima, ou negativa – "não faças" [...] – é conhecido como "regra de ouro" e, como observa Lima Vaz, encontra-se implícito no *ethos* de todas as culturas. Segundo Mircea Eliade (*Dictionnaire des religions*, Paris, Plon, 1990, p. 238), já se achava dentre as sete regras de Hillel, no século I a.C. (cf. Diego Valadés, *Problemas constitucionales del Estado de derecho*, México, Unam, 2002, p. 83).

mas julgai segundo a justiça" (Jo 7, 24). Os escribas e os fariseus estão atentos ao que é mínimo (o dízimo da hortelã, do endro e do cominho), mas desprezam "o que é mais importante na lei: a justiça, a misericórdia, a fidelidade" (Mt 23, 23; Lc 11, 42). Por isso, se a nossa justiça não exceder à dos escribas e dos fariseus, não entraremos no reino dos céus (Mt 5, 20).

Que reino dos céus é esse? Nos evangelhos, a noção de reino dos céus (ou reino de Deus) é oposta à noção de mundo, como se vê em João (8, 36): "Meu reino não é deste mundo." Também seus discípulos, embora estejam nele, não são deste mundo: "Não peço que os tires do mundo, mas que os guardes do mal. Eles não são do mundo, como eu também não sou do mundo" (Jo 17, 16). Jesus Cristo veio ao mundo para anunciar que "está completo o tempo, e aproxima-se o reino de Deus" (Mc 1, 15).

Na verdade, o reino de Deus já está no meio de nós; ele "não virá com aparato; nem se dirá: ei-lo aqui, ou ei-lo ali. Porque o reino de Deus está no meio de vós" (Lc 17, 20-21).

Que reino é esse, que mesmo estando ainda próximo já chegou?

Chegou porque já chegou seu anúncio, e, com ele, o do seu caminho. Já está no meio de nós, porque só de nós depende, agora, possuí-lo. Para isso é preciso desejá-lo tanto como quem, descobrindo um tesouro escondido num campo, vende tudo que tem para adquiri-lo (Mt 13, 44).

Por isso, uma só coisa é necessária (Lc 10, 42). "Tomai cuidado para que vossos corações não se embruteçam pela devassidão, pela embriaguez e pelos cuidados desta vida" (Lc 21, 34). "A vida do homem não é assegurada por seus bens" (Lc 12, 15). "As avarezas, as perversidades, as fraudes, as libertinagens, a inveja, a maledicência, a soberba, a loucura: todos esses males vêm de dentro, e contaminam o homem" (Mc 7, 22). "Não vos inquieteis com o que haveis de comer e com o que haveis de beber, e não vos entregueis a preocupações vãs. Os pagãos do mundo é que se preocupam com todas estas coisas; mas vosso Pai sabe que precisais de tudo isto. Procurai, portanto, seu Reino, e todas estas coisas vos serão dadas por acréscimo" (Lc 12, 29-31). Em primeiro lugar, devemos buscar "o reino de Deus e a sua justiça" (Mt 6, 33).

Jesus Cristo dá exemplos dessa justiça:

"O Reino dos Céus é semelhante a um pai de família que, ao romper do dia, saiu a contratar operários para sua vinha. Ajustou com os operários pagar-lhes um denário por dia e mandou-os para sua vinha. Cerca da terceira hora saiu novamente e viu outros que estavam na praça desocupados. Disse-lhes: ide também vós para minha vinha e vos darei o que for justo. E eles foram. Saiu ainda perto da sexta e da nona hora e fez o mesmo. Por fim saiu já perto da undécima hora e encontrou outros que estavam lá. Disse-lhes: por que ficais aqui o dia inteiro sem trabalhar? Eles lhe responderam: porque ninguém nos contratou. Diz-lhes então: ide também vós para minha vinha. Ao cair da tarde, diz o senhor da vinha a seu administrador: chama os operários e paga-lhes o salário, começando dos últimos e terminando com os primeiros. Chegaram os que tinham vindo cerca da undécima hora e receberam um denário cada um. Chegando por fim os primeiros, julgaram que haviam de receber mais. Também eles receberam, no entanto, cada qual um denário. Ao receber, murmuravam contra o pai de família, dizendo: estes últimos trabalharam somente uma hora e os igualastes a nós que suportamos o peso do dia e o calor. Mas ele respondeu assim a um dos operários: amigo, não te faço injustiça. Não combinaste comigo receber um denário? Toma o que é teu e vai. Quero dar também a este último tanto quanto a ti. Ou não me é lícito, naquilo que me pertence, fazer o que quero. Ou hás de ver-me com maus olhos, só porque sou bom?" (Mt 20, 1-15).

Em outra passagem:

"Um homem tinha dois filhos. O mais novo deles disse ao pai: pai, dai-me a parte dos bens que me toca. E o pai dividiu seus bens entre ambos. Poucos dias depois, o filho mais novo reuniu tudo o que lhe pertencia e partiu para um país longínquo. Lá dissipou todos os seus bens, vivendo dissolutamente. Depois de haver esbanjado tudo o que possuía, houve grande fome naquele país e ele começou a passar necessidades. Foi, então, se colocar a serviço de um dos habitantes desse país. Este o mandou a seus campos, para guardar porcos. Desejava matar a sua fome ao menos com as favas das alfarrobeiras que os porcos comiam, mas nem isso lhe davam. Entrou em si mesmo e disse: quantos empregados, em casa de meu pai, têm pão em abundância, e eu aqui morro de fome. Levantar-me-ei, irei a meu pai e lhe direi: meu pai, eu pequei contra o céu e contra vós. Já não sou digno de ser tratado como vosso filho, tratai-me como um de vossos empregados. Levantou-se e foi ter com seu pai. Quando estava ainda longe seu pai o viu, e movido de compaixão correu ao seu encontro, atirou-se-lhe ao pescoço e cobriu-o de beijos. Disse-lhe o filho: pai, pequei contra o céu e contra vós; já não sou digno de ser chamado vosso filho. Mas o pai disse a seus servos: trazei depressa a túnica mais rica e revesti-o com ela; colocai um anel em sua mão e dai-lhe sapatos para os pés. Trazei também o novilho de engorda e matai-o. Comamos e regalemo-nos. Este meu filho estava morto e reviveu; tinha-se perdido e foi encontrado. E começaram a banquetear-se. Entretanto, seu filho mais velho se encontrava no campo. De volta, ao aproximar-se de casa, ouviu a música e a dança.

Chamou um dos seus empregados e perguntou-lhe o que era aquilo. Este lhe respondeu: teu irmão voltou, e teu pai mandou matar o novilho de engorda, porque o recuperou são e salvo. Ele indignou-se e não queria entrar. O pai saiu e tentava persuadi-lo. Mas ele respondeu ao pai, dizendo: há tantos anos que vos sirvo, sem jamais desobedecer a vossas ordens, e nunca me destes um cabrito sequer, para eu me banquetear com meus amigos. No entanto, depois que voltou esse outro filho, que devorou vossa fortuna com as meretrizes, mandastes matar para ele o novilho de engorda. Disse-lhe o pai: meu filho: tu estás sempre comigo e todos os meus bens são também teus. Mas era justo que nos banqueteássemos e nos alegrássemos, porque este teu irmão estava morto e reviveu, tinha-se perdido e foi encontrado" (Lc 15, 11-31).

Estranha justiça, diria alguém, que desconhece o elementar princípio da isonomia! Ao que se poderia talvez responder: dar a cada um apenas o que lhe é devido é dar-lhe menos do que lhe é devido; a perfeita igualdade se realiza, perante o Pai, quando a todos se considera com perfeita misericórdia.

Segundo a lei judaica, a adúltera deveria ser lapidada. Conta João (8, 3-11) que os escribas e os fariseus colocaram no meio do povo uma mulher e disseram a Jesus: "Mestre, esta mulher acaba de ser surpreendida em flagrante delito de adultério. Na Lei, Moisés nos ordena apedrejar tais mulheres. Que dizeis vós, portanto? Perguntavam isso ardilosamente, a fim de que o pudessem acusar. Jesus, porém, inclinando-se, pôs-se a escrever na terra com o dedo. Como, no entanto, insistissem em perguntar-lhe, ergueu-se e respondeu-lhes: 'Aquele, dentre vós, que está sem pecado, seja o primeiro a atirar-lhe a pedra.' Abaixou-se novamente e continuou a escrever na terra.

Ouvindo isto, retiraram-se um após outro, a começar pelos mais velhos. Ficou só Jesus e a mulher que estava no meio. Ergueu-se Jesus e disse-lhe: 'mulher, onde estão eles? Ninguém te condenou?' – 'Ninguém, Senhor', respondeu ela. Disse-lhe Jesus: 'nem eu te condeno. Vai e não peques mais'."

Estranha justiça, que se recusa a julgar os pecadores!

No sermão da montanha, tal como narrado pelo evangelista Mateus, temos uma síntese de seus preceitos: ela nos manda não resistir àquele que é mau; oferecer, a quem nos bate, a outra face; dar também o manto a quem nos pede a túnica; andar dois mil passos com quem nos pede para andar mil (Mt 5, 39-41). Diz para amarmos os nossos inimigos (Mt 5, 44; Lc 4, 35), perdoarmos (Mc 6, 37) e fazermos o bem a quem nos odeia (Lc 4, 27).

São, todos, preceitos que agridem nossos sentimentos, razões e hábitos. Extremo paradoxo: enquanto na justiça política ressalta a defesa dos nossos direitos, a justiça evangélica se alcança pela renúncia a eles. "Até quantas vezes poderá meu irmão pecar contra mim, que eu lhe perdoe? Sete vezes? Diz-lhe Jesus: não te digo até sete vezes, mas até setenta vezes sete" (Lc 17, 3).

Por isso lhe respondemos: "É dura essa linguagem; quem a pode ouvir?" (Jo 6, 61). Jesus porém nos manda entrar pela porta estreita: "porque larga é a porta e espaçoso o caminho que conduz à perdição e muitos são os que entram por ela" (Mt 7, 13). O que diz, chancela: "Se permanecerdes na minha palavra, sereis verdadeiramente meus discípulos; conhecereis a verdade, e a verdade vos libertará" (Jo 8, 31-32).

Na verdade, o reino não chega até nós. Ele vem, com o anúncio evangélico, até perto de nós. Nós é que chegamos ao reino, por essa estreita porta: "Quão estreita é a porta e apertado o caminho que conduz à vida! E quão poucos são os que acertam com ele!" (Mt 7, 14). Só podemos alcançá-lo com inaudita disciplina, verdadeira violência a nós mesmos (Mt 11, 12; Lc 16, 16).

A justiça, que surge de início como recompensa ou punição, se apresenta a partir daí não como algo que se espera de outrem nem apenas como aquilo que devemos a outrem, mas como exercício de excelência, virtude: "Que vantagem terá o homem se ganhar o mundo inteiro, mas vier a se perder, ou causar sua própria ruína?" (Lc 9, 25). Não como sacrifício, mas como misericórdia (Mt 9, 13). Seu fundamento, núcleo e ápice encontra-se no primeiro mandamento, referido por quase todos os evangelistas: "O primeiro de todos os mandamentos é este: amarás o Senhor teu Deus com todo o teu coração, com toda a tua alma, com todas as tuas forças e com todo o teu entendimento. Este é o grande e o primeiro mandamento. Mas o segundo é semelhante a este: amarás o teu próximo como a ti mesmo" (Mt 22, 37-39; Mc 12, 29; Lc 10, 27).

A justiça é a porta do reino, mas ainda não é o reino.

O reino é a vida. Não essa que supomos ter, que recebemos como um dom, sem saber, na ignorância e nas trevas, antes que chegasse a luz. Mas a vida pela qual, conhecendo-a a partir de agora, podemos optar.

"Eu vim para que tenhais vida, e para que a tenhais em abundância", proclama Jesus (Jo 10, 10). À beira do poço de Jacó, ele diz à samaritana: "todo aquele que bebe desta água tornará a ter sede; mas o que beber da água que eu lhe der nunca mais terá sede: a água que eu lhe der tornar-se-á nele uma fonte de água, jorrando para a vida eterna" (Jo 4, 13).

Entrar no reino significa nascer de novo: "Ninguém pode ver o Reino de Deus, se não nascer do alto" (Jo 3, 3). É isso que significa nascer de novo (Jo 3, 7): "O que nasceu da carne é carne, e o que nasceu do espírito é espírito" (Jo 3, 6). Se somos da justiça somos do reino; se somos do reino temos a vida; se temos a vida abandonamos, como um casulo, aquela que pensávamos ter, e definitivamente somos espírito; se somos espírito somos da justiça.

APÊNDICE

Definições, máximas, disposições e pensamentos sobre a justiça

– Justiça é a constante e perpétua vontade de dar a cada um o que é seu (Ulpiano, Digesto 1, 1, 10).

– Não venderemos, nem recusaremos, nem protelaremos o direito de qualquer pessoa a obter justiça (João Sem Terra, Magna Carta).

– Notas sobre a justiça, cf. Candido Mendes de Almeida, "Axiomas e brocardos de direito", in *Auxiliar Jurídico*, Rio de Janeiro, 1869, p. 558:

Consiste na igualdade, e em dar com justa balança a cada um o que é seu (alvarás de 5 de junho de 1595 e de 29 de janeiro de 1643)[1].

Não há coisa mais incompatível com a justiça do que pagar um por erro ou engano, o que não deve (lei 2, de 22 de dezembro de 1761, tít. 3, § 11).

Não pode ser administrada com igualdade, quando há amor, ódio ou outra perturbação do ânimo (alvará de 18 de janeiro de 1773).

Uma das principais obrigações da justiça é evitar as demandas (alvará de 26 de junho de 1699).

---

1. O termo "alvará", que tem hoje entre nós o sentido de uma autorização judicial, aí é utilizado como espécie de norma, editada pelo monarca.

Deve executar-se sem respeito de pessoas (carta de 6 de setembro de 1610).

Há de ser igual, assim para os grandes e poderosos, como para os pequenos (alvará de 4 de junho de 1646).

É a virtude principal, e sobre todas as outras a mais excelente (alvarás de 5 de junho de 1595 e de 29 de janeiro de 1643).

Não deve ser capa de malefícios (alvará de 25 de dezembro de 1608).

– Melhor é não serem punidos os culpados, do que padecerem com este pretexto os inocentes (alvará de 3 de dezembro de 1750, cap. 6; *id.*, p. 567).

– Justiça [...]. Sem ela não há povo que possa subsistir (alvará de 7 de junho de 1853; cf. Teixeira de Freitas, *Vocabulário jurídico*, t. I, p. 115).

– Constituem objetivos fundamentais da República Federativa do Brasil: I – construir uma sociedade livre, justa e solidária; II – garantir o desenvolvimento nacional; III – erradicar a pobreza e a marginalização e reduzir as desigualdades sociais e regionais; IV – promover o bem de todos, sem preconceitos de origem, raça, sexo, cor, idade e quaisquer outras formas de discriminação (Constituição brasileira de 1988, art. 3º).

– O juiz adotará em cada caso a decisão que reputar mais justa e equânime, atendendo aos fins sociais da lei e às exigências do bem comum (lei 9.099, de 26 de setembro de 1995).

– A água e o fogo possuem espíritos sutis mas não possuem vida; as plantas possuem vida mas não percepção; os pássaros e os animais têm percepção mas não o sentimento de justiça; o homem tem espírito, vida e percepção, além do que possui o sentimento de justiça (Hsum Tze, cf. *Diogène*, Paris, Gallimard, nº 71, 1970, p. 109, cit.

por Nelson N. Saldanha, *Revista Brasileira de Estudos Políticos* 72/57, jan. 1991).

– A justiça não existe por si nem tem valor absoluto, mas resulta de convenções dos indivíduos, inspiradas em critérios de utilidade (Epicuro; cf. Johann Sauter, *Die philosophischen Grundlagen des Naturrechts*, Wien, 1932, p. 205, cit. por Eduardo García Máynez, Ética, México, Porrúa, 1990, p. 38).

– Não houvesse injustiça, ignorariam o próprio nome da justiça (Heráclito, fragmento 23, cf. Gerd Bornheim, "Sobre o estatuto da razão", in *A crise da razão*, Adauto Novaes [org.], São Paulo, Companhia das Letras, 2006, p. 99).

– Nem as estrelas da manhã nem as estrelas da noite chegam a alcançar a maravilhosa beleza da justiça (Eurípides, cf. Aristóteles, *Ética de Nicômaco*, V, 1.129b-25).

– Sócrates: O maior dos males é cometer injustiça. Pôlos: Será mesmo? Ser vítima de injustiça não é pior? S.: Absolutamente. P.: Então você, a cometer uma injustiça preferiria ser vítima de injustiça? S.: De minha parte, não preferiria nem uma, nem outra coisa. Mas, se devesse haver uma injustiça cometida ou uma injustiça sofrida, escolheria sofrê-la, antes de cometê-la (Platão, *Górgias*, 469).

– O justo, então, é uma das espécies do gênero "proporcional" (Aristóteles, *Ética de Nicômaco*, V-1.131a-30).

– Esta é a origem da palavra *díkaion* (= justo); ela quer dizer *dikha* (= dividida ao meio), como se devêssemos entender esta última palavra no sentido de *díkaion*; e um *dikastés* (juiz) é aquele que divide ao meio (*dikhastés*). (*id*, V-1.132a-30).

– A justiça e a eqüidade são portanto a mesma coisa, embora a eqüidade seja melhor. O que cria o problema é o fato de o equitativo ser justo, mas não o justo segundo a lei, e sim um corretivo da justiça legal. A razão é que toda lei é de ordem geral, mas não é possível fazer uma afirmação universal que seja correta em relação a certos casos particulares (*id.*, V-1.137b-5).

– É também evidente que tanto sofrer uma injustiça quanto praticá-la são males [...]. Mesmo assim, agir injustamente é o mal pior, pois esse procedimento é reprovável, já que pressupõe deficiência moral no agente [...] enquanto sofrer injustiça não pressupõe necessariamente deficiência moral (*id.*, V-1.138a-25).

– O bem na esfera da política é a justiça; e a justiça consiste naquilo que tende a promover o interesse comum (Aristóteles, *Política*, XII-§ 1º).

– Desterrada a justiça, que é todo reino, senão grande pirataria? E a pirataria que é, senão pequeno reino? (Agostinho, *Cidade de Deus*, I, L. IV, cap. IV).

– Então Lélio, a pedido de todos, assumiu a defesa da justiça e com todas as forças afirmou não existir para a cidade inimigo pior que a injustiça, e ser de todo impossível que a república subsista ou seja governada, se não tiver por fundamento indiscutível justiça (*id.*, I, L. II, cap. XXI).

– A respeito da justiça, doze pontos podem ser tratados: o que é a justiça; se ela se refere sempre ao outro; se é uma virtude; se radica na vontade; se é uma virtude geral; se, enquanto geral, se identifica em essência com toda virtude; se existe alguma justiça particular; se a justiça particular tem matéria própria; se tem por objeto as paixões ou apenas as operações; se o seu meio é um meio real; se o ato da justiça é dar a cada um o que é seu; se a justiça é a principal entre todas as virtudes morais (Tomás de Aquino, *Suma teológica*, 2-2, q. 58).

– [...] leis são as regras do justo e do injusto, não sendo reputado injusto aquilo que não é contrário a alguma lei (Hobbes, *Leviatã*, cap. XXI).

– É justa a ação que permite, ou cuja máxima permite à liberdade de arbítrio de cada um coexistir com a liberdade de qualquer outro, segundo uma lei universal (Kant, *Die Metaphysik der Sitten, Enleitung in die Rechtslehre*, § C, Frankfurt am Main, Suhrkamp, 1977, p. 337).

– A justiça é o objetivo do governo. É o objetivo da sociedade civil. Ele sempre foi e sempre será perseguido até que seja alcançado ou até que percamos a liberdade nessa perseguição (Madison, *O federalista*, 51).

– Acaso existe algo útil que não seja também justo e honesto? E essa máxima eterna não se aplica talvez e acima de tudo à organização social? Se a finalidade da sociedade é a felicidade de todos, a conservação dos direitos do homem, que pensar dos que querem baseá-la no poder de alguns poucos indivíduos, e no envilecimento e anulação do resto do gênero humano? (Robespierre, *La revolución jacobina*, Barcelona, edicions 62, 1992, p. 18).

– Justiça é o nome dado a certos requisitos morais que, sob o ponto de vista coletivo, acham-se altamente situados na escala da utilidade social (Stuart Mill, *Utilitarismo*, cit. a partir de Clarence Morris, *Os grandes filósofos do Direito*, São Paulo, Martins Fontes, 2002, p. 381).

– A disposição ética consiste precisamente em ater-se firmemente ao que é justo, e em abster-se de tudo o que possa mover, abalar e desviar o justo (Hegel, *Phänomenologie des Geistes*, cit. cf. tradução de Paulo Meneses, *Fenomenologia do espírito*, Petrópolis, Vozes, 2005, p. 302).

– Uma ordem justa das relações humanas não pode resultar de um princípio universalmente válido. Se a questão sobre a essência da justiça é a questão em torno de tal princípio universal – ou seja, de uma norma geral – a resposta é que não existe uma justiça nesse sentido. A definição da essência da justiça por meio de um princípio universalmente válido, de uma norma geral, é a tentativa de uma definição racional dessa essência (Hans Kelsen, *Die Illusion der Gerechtigheit*, cit. cf. edição brasileira, *A ilusão da justiça*, São Paulo, Martins Fontes, 1995, pp. 499-500).

– Justiça é felicidade social, é a felicidade garantida por uma ordem social (Hans Kelsen, *What is Justice*, cit. cf. edição brasileira, *O que é justiça?*, São Paulo, Martins Fontes, 1998, p. 2).

– Iniciei este ensaio com a questão: o que é justiça. Agora, ao final, estou absolutamente ciente de não tê-la respondido. A meu favor, como desculpa, está o fato de que me encontro nesse sentido em ótima companhia. Seria mais do que presunção fazer meus leitores acreditarem que eu conseguiria aquilo em que fracassaram os maiores pensadores (Hans Kelsen, *id.*, p. 25).

– Nunca se pode criar justiça no seio da injustiça. Um administrador colonial não tem nenhuma possibilidade de se portar corretamente com os autóctones, nem um general com seus soldados; a única solução consiste em não ser nem colono nem comandante (Simone de Beauvoir, *Le deuxième sexe*, cit. a partir da edição brasileira, *O segundo sexo*, Rio de Janeiro, Nova Fronteira, 1980, 2º vol., p. 492).

– Dar a cada um o que é seu soa esplêndido. Quem ousará questioná-lo? A única dificuldade é que essa fórmula pressupõe que eu saiba o que é devido a cada pessoa como 'o seu' (quer dizer, como seu direito). A fórmula é, assim, carente de significado, visto que pressupõe a posição jurídica para a qual deveria servir de fundamento (Alf Ross, *On Law and Justice*, cit. cf. edição argentina, *Sobre el derecho y la justicia*, Buenos Aires, Eudeba, 1977, pp. 268-9).

– Não pode ser visto como injusto, antes, ao contrário, tem de ser um dos requisitos da justiça, que se façam distinções de maneira tal que as vantagens e os ônus, os direitos e os deveres, sejam distribuídos tendo em conta as circunstâncias condicionantes. Os casados e os solteiros, os maiores e os menores, os delinqüentes e os cidadãos respeitosos da lei não podem ter o mesmo status jurídico (Alf Ross, *id.*, pp. 262-3).

– Não se pode objetar que no caso do conceito de justiça se trata de uma "fórmula vazia", que cada um pode preencher com o conteúdo que entender (assim porém Ernest E. Hirsch, *Das Recht im sozialen Ordnungsgefüge*, pp. 48 ss.). Antes de mais nada trata-se de uma categoria fundamental, que caracteriza uma espécie do tomar posição ou do julgar. Para aquilo que é "justo" *hic et nunc*, não existe uma fórmula geral. Existem porém, e tal deveria dar que pensar a Hirsch, alguns princípios jurídicos elementares, que como tais são reconhecidos universalmente – não apenas "por nós" – e, às vezes, pode-se dizer com a maior evidência, que esta ou aquela disposição legal ou cláusula de contrato não é justa (Karl Larenz, *Methodenlehre der Rechtswissenschaft*, cit. cf. edição portuguesa, *Metodologia da ciência do Direito*, Lisboa, Fundação Calouste Gulbenkian, 1969, p. 209, nota).

– A justiça distributiva implica uma alocação de todos os recursos por uma autoridade central; exige que as pessoas sejam instruídas sobre o que fazer e a que fins servir. Onde ela é a meta, as decisões quanto ao que indivíduos diferentes devem fazer não podem derivar de regras gerais, mas precisam ser tomadas à luz dos propósitos particulares da autoridade planificadora (Friedrich A. Hayek, *The Constitution of Liberty*, Chicago, The University of Chicago Press, 1978, p. 232).

– O critério fundamental para julgar qualquer procedimento é o que tende a resultar da sua justiça (John Rawls, *A Theory of Justice*, cit. cf. edição brasileira, *Uma teoria da justiça*, Brasília, UnB, 1981, p. 183).

– Além da virtude de imparcialidade (qualificada), a prática justa requer sabedoria prática, um tipo de *phronesis*, usando a terminologia de Aristóteles. Deve-se conhecer os fatos, as circunstâncias, as pessoas, para fazer um julgamento apropriado, para agir adequadamente e com justiça (Agnes Heller, *Além da justiça*, Rio de Janeiro, Civilização Brasileira, 1998, p. 30).

– Um bom meio para se discernir a finalidade do direito judaico é a análise da palavra "justiça" na literatura bíblica. Não no texto hebraico ao qual a Europa mal teve acesso, mas nas suas traduções para o grego e o latim na famosa versão da Septuaginta, ou na latina da Vulgata. Nelas são empregados os termos *dukaiosunê* = *justitia*, *dikaios* = *justus*, *dikaioun* = *justificare*, *dikastês* = *judex*. Eles serviram para traduzir o hebraico *tsedeka*, freqüentemente associado a *Mischpath* (Michel Villey, *Philosophie du droit*, cit. cf. edição brasileira, *Filosofia do Direito*, São Paulo, Martins Fontes, 2003, p. 103).

– É justo que o merecedor recolha o fruto de seu esforço. Injustiça é que dele seja privado, notadamente em proveito de outro (Henri Batiffol, *Problèmes de base de philosophie du droit*, Paris, LGDJ, 1974, p. 404).

– É característico de concepções diferentes e incompatíveis da justiça estar intimamente vinculadas a concepções diferentes e incompatíveis da racionalidade prática. Conseqüentemente, o trabalho de elaborar as discussões das visões de justiça defendidas por Aristóteles, Gregório VII e Hume revelou-se inseparável da tarefa de explicar as crenças sobre a racionalidade prática pressupostas ou expressas nessas visões da justiça (Alasdair Macintyre, *Justiça de quem? Qual racionalidade?*, São Paulo, Loyola, 1991, p. 7).

– Por força do art. 160 da Carta Constitucional, toda a ordenação jurídica do país, assim como todos os atos concretos do poder público interferentes com a ordem econômica e social, para serem legítimos, deverão estar comprometidos com a realização da justiça social. As disposições constitucionais relativas à justiça social não são meras exortações ou conselhos, de simples valor moral. Todas elas são – inclusive as programáticas – comandos jurídicos e, por isso, obrigatórias, gerando para o Estado deveres de fazer ou não-fazer. Há violação das normas constitucionais pertinentes à justiça social – e, portanto, inconstitucionalidade – quer quando o Estado age em descompasso com tais preceitos, quer quando, devendo agir para cumprir-lhe as finalidades, omite-se em fazê-lo (Fernando Gasparian, *A luta contra a usura*, Graal, s/d, p. 48).

– Ou o direito serve a ética e à justiça, ou a nada serve (des. Márcio Oliveira Puggina, "A hermenêutica e a justiça do caso concreto", in *Ética, Justiça e Direito*, Pe. José Ernanne Pinheiro e outros, Petrópolis, Vozes, 1996, p. 175).

– O Direito – o Direito legítimo – é meio para a realização da Justiça; somente o Direito legítimo, isto é, o Direito que esteja de acordo com tais valores, é meio virtual para a realização de justiça (Eros Roberto Grau, *Di-*

reito, conceitos e normas jurídicas, São Paulo, *Revista dos Tribunais*, 1988, p. 52).

– O *Chief-Justice* Earl Warren raramente citava precedentes. E quando, nos debates orais, os advogados o faziam, muitas vezes os interrompia com a pergunta: "Sim, sim, mas isso era justo?" (Lêda Boechat Rodrigues, *A Corte de Warren*, Rio de Janeiro, Civilização Brasileira, 1991, p. 39).

– O que importa, em aproximação ao princípio da igualdade, será não sucumbir à "concepção formal" do direito, segundo a qual a justiça será mero ingrediente, corretivo indemonstrável do fenômeno jurídico (Raymundo Faoro, *Justiça social e a Constituinte*, 9.ª Conferência Nacional da Ordem dos Advogados do Brasil, tese n.º 29).

– A questão da justiça, na tradição ocidental, aponta para a possível existência de uma forma de razão, holística e unificadora, que seria para o direito, para o poder e para a liberdade, um código doador de sentido, um sentido não adaptativo, que permite, assim, estimá-los e vivenciá-los como legítimos ou ilegítimos (Tércio Sampaio Ferraz Júnior, *Estudos de filosofia do Direito*, São Paulo, Atlas, 2003, p. 13).

– A idéia de justiça deve ser considerada a categoria universal suprema, que preside inteligivelmente ao exercício da vida ética em sua dimensão intersubjetiva ou enquanto vida na comunidade ética (Henrique Cláudio de Lima Vaz, *Ética e Direito*, São Paulo, Landy, 2002, p. 303).

– Regras de justiça não se fazem a partir da perspectiva de credores ou devedores (*ex post*), mas sim de indivíduos que podem vir a ser um ou outro no futuro (*ex ante*) (Daniel Goldberg, *Poder de compra e política antitruste*, São Paulo, Singular, 2006, p. 58).

INDICAÇÃO BIBLIOGRÁFICA

– Sobre o pensamento dos filósofos e dos juristas a respeito da justiça, ver o resumo de Ilmar Tammelo, em *Theorie der Gerechtigkeit*, Freiburg-München, Karl Alber, 1977, pp. 36-64. Ver também a respectiva bibliografia, pp. 137-46.

– Em seu livro intitulado *Justice* (New York, Oxford, 1995), Alan Ryan reúne textos sobre a justiça escritos por Platão, Aristóteles, Cícero, Hume, J. S. Mill, Rawls, Nozick, Hayek, Marx e Steven Lukes. Ver também a respectiva bibliografia, pp. 187-8.

– Ver ainda a bibliografia indicada por Henrique Cláudio de Lima Vaz, em seus *Escritos de filosofia V: Introdução à ética filosófica 2*, São Paulo, Loyola, 2000, p. 177.

Cromosete
Gráfica e editora ltda.
Impressão e acabamento
Rua Uhland, *307*
Vila Ema-Cep *03283-000*
São Paulo - SP
Tel/Fax: *011 2154-1176*
adm@cromosete.com.br